PEACE AND POWER

Peggy L. Chinn

PEACE AND POWER

Gemeinschaftsnetzwerke bauen

Aus dem Amerikanischen von
Dr. Ursula Gray

HpS
MEDIENVERLAG GMBH

Titel der Originalausgabe:
Peace & Power – Building Communities for the Future (Fourth Edition)
Copyright © 1995 National League for Nursing Press, NY 10014
ISBN 0-88737-657-6

Alle deutschen Rechte vorbehalten
Copyright © 1997
HPS-Medienverlag GmbH, CH-8617 Mönchaltorf
Umschlag/Photo: Atelier Ernst, CH-3150 Schwarzenburg
ISBN 3-906411-00-1

**Dem liebevollen Andenken von
Charlene Eldridge Wheeler gewidmet:
26. August 1944 – 30. März 1993**

Die Autorin, die für
die ersten drei Ausgaben dieses Buches
hauptsächlich verantwortlich war.

Ihre Visionen, ihre Weisheit und die Beharrlichkeit,
mit der sie an diesem Buch unermüdlich gearbeitet hat,
standen im Mittelpunkt ihrer Konzeption und ihrer
tatsächlichen Realität.
Ihr Geist lebt immer noch in diesen Seiten
sowie auch im Herzen und der Erinnerung all der Frauen,
die mit ihr in Gruppen gearbeitet haben.

Inhaltsverzeichnis

Vorwort	9
Einführung	17
1. Frieden: Was heißt das?	29
2. Wie wir vorwärts kommen: Macht für den Frieden	37
3. Verpflichtung: sich auf den Weg begeben	45
4. Die Prinzipien der Einheit: die Grundlagen für das Entstehen von Gemeinschaften	57
5. Der Prozeß in Aktion: sich treffen	71
6. Weiterreichen: Leitung und Verantwortung abwechselnd übernehmen	83
7. Kooperation und Kollektiv in Aktion: Konsens	99
8. Ankommen: Beenden	113
9. Die Wertschätzung von Vielfalt und Einheit: die Transformation von Konflikten	135
10. Period Pieces	165
11. Peace und Power in Institutionen und Gruppen	173
Anmerkungen	185

Vorwort

Dieses Buch entstand aus einem Wunsch, der Charlene und mir am Herzen lag. Wir wollten nämlich ein schriftliches Zeugnis ablegen von der Weisheit der Frauen, die uns auf mündlichem Wege und durch vorgelebte Beispiele überliefert wurde. Mehr als zehn Jahre lang arbeiteten und spielten wir in Frauengruppen, deren Ziel die Transformation war. Die Gedanken, die auf diesen Seiten vorgestellt werden, entstanden aus unseren Erfahrungen. Viele Freunde und Kollegen begleiteten uns auf unserm Weg und sind in Wirklichkeit ein Teil der Geschichte dieses Prozesses.

Wilma Scott Heide, eine liebe Freundin und mutige Führerin in der Frauenbewegung der frühen siebziger Jahre, ermutigte und inspirierte uns, das Wagnis einzugehen, die erste Auflage von *Peace und Power* als Margaretdaughters Inc.[1] zu veröffentlichen. Sie erzählte uns, daß sie weinte, als sie das Buch zum ersten Mal las und zwar vor Freude, daß sie feministisches Gedankengut auf diese Weise vorgestellt fand. Sie weinte aber auch aus Kummer darüber, daß sie in den frühen Jahren ihrer aktivistischen Tätigkeit nicht das Glück solcher Einsichten gehabt hatte. Wie wir ihr viele Male vor ihrem Tod im Jahre 1984 deutlich machten, konnten wir diese Arbeit, auf der diese Gedanken sich gründen, nur leisten, weil sie und viele Frauen wie sie ein so mutiges Leben geführt hatten.

Patricia Moccia, eine Frau unserer Generation, die großen Weitblick besaß, glaubte an die Möglichkeiten eines solchen Weges für einen größeren Kreis und gab den Anstoß zur Veröffentlichung der zweiten Auflage durch den National League for Nursing, die sie ermöglichte. Sie und Allan Graubard, der Direktor der NLN Presse haben die weitere Veröffentlichung und die vielen Änderungen, die ich in dieser Auflage vorgenommen habe, ermutigt und begrüßt.

Die Gruppen, in denen wir zusammen arbeiteten und einige, in denen ich seit Charlenes Tod gearbeitet habe, haben die Gestaltung dieses Buchs auf grundlegende Weise beeinflußt.Durch die Gruppen erhielten wir Gelegenheit, nach unseren Wertvorstellungen zu leben und neue Wege zu erforschen, wie unsere Wertvorstellungen zur Anwendung kommen könnten. Diese Gruppen forderten unsere Gedanken heraus und inspirierten uns zu neuen Ideen und Vorstellungen, wie die Zukunft, die wir suchen, beschaffen sein könnte. Ich werde jetzt diese Gruppen, und die Personen namentlich nennen, die daran teilhatten. Sie haben das inspiriert, gefördert, in Frage gestellt, und ihm Form verliehen, was an Gedankengut in diesem Buch enthalten ist.

Das „Emma-Kollektiv" war eine Frauengruppe, die einen Frauenbuchladen in Buffalo, New York besaß. Lisa Albrecht, die zu der Zeit Mitglied war, als wir dem Emma-Kollektiv beitraten, war eine wunderbare, vorbildliche Lehrerin, als Charlene und ich zum ersten Mal die Einsichten erhielten, die dieses Buch möglich machten. Die Frauen des Emma-Kollektivs waren Anhänger der mündlichen Tradition, die dem Prozeß die Sprache hinzufügten, und so Wege und Mittel aufzeigten, um *das wirklich zu tun, was wir wissen und zu wissen, was wir tun*. Sie hatten den Namen *Emma* gewählt, um Frauen in der Literatur und der Geschichte, die Emma hießen, zu ehren und die Vorbilder für die Kraft und die Weisheit von Frauen sind.

The Women Studies Program (das Frauen-Studienprogramm) an der State University von New York in Buffalo pflegt die Tradition seit den späten sechziger Jahren, den Vorsitz bei ihren Zusammenkünften und Lehrveranstaltungen im Turnus zu besetzen. In ihren Hörsälen und Instituten hörten wir zum ersten Mal durch die Teilnahme an ihren Zusammenkünften von Transformation. Verschiedene Vereinigungen von Frauen in der Gemeinde Buffalo, einschließlich der Voices of Women Writers Coalition (1982) und International Women's Day (IWD), Coalitions (1982–86) stellten „Hörsäle" zur Verfügung, wo wir die Tatsachen über die Aktivitäten der Frauern in den Gemeinschaften lernten. Im Jahre 1983 lud die Vereinigung der IWD Wilma Scott Heide zu einem Vortrag ein und das ermöglichte die wichtige Verbindung zwischen Charlene, mir und Wilma.

Cassandra: Radical Feminist Nurses Network (Netzwerk radikaler, feministischer Pflegekräfte) (1982–1989) war ein nationales Netz von Pflegekräften, die sich dafür engagierten, feministische Analysen von Problemen in der Pflege und der Gesundheit von Frauen zu entwickeln. Unsere Zusammenkünfte, wie auch unsere Bemühungen über große Entfernungen hinweg zu arbeiten, um unsere Pflichten für das News Journal (Nachrichtenmagazin) und die Webstership Liste zu erfüllen, trugen in außerordentlichem Maße dazu bei, unseren Idealen von einer Gemeinschaft die gewünschte Form zu verleihen.

The Friendship Collective (1987 - 1989) war eine Gruppe von Pflegekräften, die zusammenkamen, um etwas über die Bedeutung und Wichtigkeit von Frauenfreundschaften in der Pflege zu lernen. Mitglieder dieser Gruppe waren: Elizabeth Berry, Peggy Chinn, Cathy Kane, Christine Madsen, Adrienne Roy, Charlene Eldridge Wheeler, und Elizabeth Mathier Wheeler. Überall in diesem Buch finden sich Beispiele von den Erfahrungen in dieser Gruppe, weil die Leitung von Elizabeth Berry in uns eine tiefempfundene Verpflichtung wachhielt, damit wir während der ganzen Zeit, in der wir zusammen waren, *Peace und Power* in unser Leben integrierten.

Die Teilnehmerinnen des Seminars für Feminismus und Pflege an der State University von New York in Buffalo im Frühjahr 1982 übten ganz besonderen Einfluß auf unsere Entschlossenheit aus, diese Gedanken gedruckt zu sehen. Mit Anne Montes, Adrienne Roy und Penny DeRaps, die Charlene und ich zuerst in jenem Seminar kennenlernten, verband uns weiterhin eine tiefe Freundschaft. Sie unterstützten uns liebevoll auf vielerlei Weise, um dieses Buch möglich zu machen.

Die Fakultät der Pflegewissenschaft an der University of Technology in Sydney, Kuring-Gai Campus in New South Wales, Australia, nahm im Dezember 1990 an einem Workshop teil, den Charlene und ich abhielten, der uns neue Einsichten in die Anwendung des Prozesses in traditionellen Einrichtungen vermittelte. Die Lehrstuhlinhaberin Judy Lumby hatte diesen Workshop ermöglicht. Auf respektvolle Weise recherchierte sie liebevoll mit uns die schwierigsten Aspekte bei der Umwandlung von Werten in einem Umfeld, in dem hierarchische Ideale unangetastet herrschen.

Während eines Besuches im Jahre 1990 an der Deakon Universität in Geelong, Viktoria, Australien, war es uns ebenfalls möglich, die philosophischen Gedanken, die die Ansätze, die wir hier beschreiben, erfüllten, eingehender zu erforschen. Pat Hickson und Cheryle Moss diskutierten häufig mit uns über die Berührungspunkte zwischen feministischen Werten und der traditionellen Philosophie.

In der Zeit zwischen der Veröffentlichung der zweiten und dritten Auflage verlegten Charlene und ich unseren Wohnsitz nach Denver, Colorado. Während wir die dritte Auflage vorbereiteten, arbeiteten wir mit Studentengruppen in den Studiengängen der Pflegewissenschaft, die zum Examen führten, von denen viele damit begonnen hatten, Peace-und-Power-Verfahren auf verschiedene Weisen in ihrer Arbeit anzuwenden. Carole Schroeder und ihre Kinder Ben und Morgan standen uns bei, die Herausforderungen, mit denen wir konfrontiert waren, zu ertragen, als wir ein Buch über den Frieden überarbeiteten, während unser Land wieder einmal Krieg führte. Fran Reeder und Jan Watson von der Fakultät der Pflegeschule, haben die Methoden von *Peace und Power* in den letzten paar Jahren in ihren Seminaren angewandt, welche den Möglichkeiten, Veränderungen in Institutionen herbeizuführen, neue Dimensionen verlieh.

Als Charlene sich mit den letzten Tagen der verheerenden Zerstörungen durch einen Lupus des Systems konfrontiert sah, erlebten wir beide eine bemerkenswerte Form von *Peace und Power* in dem liebevollen Beisammensein mit Frauen, die uns umsorgten und eine Gemeinschaft bildeten, um die Todeserfahrung gemeinsam zu tragen. Chris Tanner und Jan Kemp schlugen eine Brücke zwischen der von Regeln beherrschten hierarchischen Einrichtung des Krankenhauses und unseren Auffassungen von einer Gemeinschaft, um es uns zu ermöglichen, während der letzten Tage Charlenes Tag und Nacht bei ihr zu sein. Da Charlene nicht mehr in der Lage war zu sprechen, verwendete sie einen Schreibblock, um sich verständlich zu machen und machte somit die Ärzte und Pflegekräfte zum Bestandteil unserer Gemeinschaft. Sie bat uns, reihum unsere Meinung zu sagen, damit sie unsere Ansichten hören konnte, wenn sie sich für eine Behandlung entscheiden mußte. Als sie nicht mehr in der Lage war, sich mit uns zu verständigen, sangen wir ihren Namen, blieben ständig bei ihr und pflegten sie liebevoll während des Übergangs, den keiner von uns bereit gewesen wäre, mit ihr zu teilen.

Seit Charlenes Tod habe ich mich vielen Herausforderungen stellen müssen, die die Grenzen meiner Fähigkeit, eine transformierte und transformative Gesellschaft vor meinem geistigen Auge erstehen zu sehen, weit überstiegen. Ich spreche jetzt den Frauen meine Anerkennung aus, die während der letzten zwei Jahre mit mir auf schwer begehbaren Pfaden wandelten, die mir den Rücken stärkten und mich ermutigten, vorwärts in eine neue Zukunft zu schreiten. Sue Hagedorn, die mir eine liebe Freundin und Kollegin war, wandte die Methoden von *Peace und Power* bei ihrer Arbeit mit Frauen an, die die Erfahrung der Menstruation erforschten. Obgleich ich nicht an der Gruppe teilnahm, mit der sie arbeitete, erfuhr ich doch von vielen neuen Möglichkeiten, wenn ich mir Susans Erzählungen von dieser einmaligen Erfahrung anhörte.[2] Kathy Maeve, die über erstaunliche Talente verfügt, wenn es darum geht, dem Status quo mit Liebe und Mitgefühl zu begegnen, machte es möglich, daß im Herbst 1994 eine Diskussionsgruppe zustande kam, in der einige uns für eine kurze Zeit der Gemeinsamkeit erlebten angesichts eines entsetzlichen institutionellen Chaos. Janet Kemp, die Charlene während der letzten Monate ihres Lebens fast jeden Tag pflegte, ist mir immer noch eine treue Freundin, die mit der Gemeinschaft meiner Freunde in der ganzen Welt den Kontakt aufrechthält. Judith Claire in Adelaide, Süd- Australien, sorgte für eine liebevolle, heilende Atmosphäre und bewies, was wir in Gruppen erreichen können, wenn die Absicht zum Frieden besteht. Viele Menschen, die an meinen Gruppen teilnehmen, mit denen ich jetzt arbeite, finden Orte für mich, wo wir neue Ideen ausprobieren und die Methoden von *Peace und Power* einsetzen können. Ich unterrichte Gruppen in der Gemeinde und zeige ihnen die Techniken und lerne meinerseits von ihnen Möglichkeiten, wie man die Methoden von *Peace und Power* adaptieren und entwickeln kann. Ich stehe in der Schuld von Julia Carpenter und den Natural Healing Expressions, die sich vor kurzer Zeit dafür engagierte, die Methoden in ihre Tätigkeit als Heilerin miteinzubeziehen.

Seit der Veröffentlichung der dritten Auflage mit dem Titel: „*Peace und Power,* ein Handbuch für den feministischen Weg", hat das Buch sich immer größer werdender Beliebtheit bei Gruppen auf der ganzen Welt erfreut. Es ist von vielen inmitten größter Feindseligkeiten angewandt worden[3]. Merle Letkoff zufolge, die als Vermittlerin arbeitet, verwenden die Frauen der Vereinigung für weibliche Kriegsopfer in Zagreb, Kroatien, die Methoden von *Peace und Power* für die organisatorische Entwicklung ihrer Arbeit in Flüchtlingslagern, wo sie die Einrichtung von Frauen-Hilfsgruppen erleichtern. Viele Frauen leiden dort unter rassistischen Vergewaltigungen, erzwungenen Schwangerschaften, die die Vernichtung der Familienbande zur Folge haben, unter Folterungen, Verstümmelungen und Mord als Folgen eines Krieges. Die Vereinigung wendet *Peace und Power* an, um Gruppen dazu anzuleiten, wie man einen Konsens erreicht und um die Verbindung zwischen dem Zusammenhalt von Gruppen sowie das Empowerment von Gemeinschaften zu stärken.

Peace und Power wurde in die portugiesische, deutsche, spanische, serbo-kroatische und makedonisch-albanische Sprache übersetzt. Ich weiß, daß die Gedanken in die Arbeitswelt von Frauen in Japan, Australien, Neuseeland und Taiwan integriert werden. Das Wissen und meine Arbeit mit zunehmend andersgearteten Gruppen überzeugt mich, daß es an der Zeit ist, die Gedanken, die in den Erfahrungen von Frauen wurzeln, einem breiten Publikum von Teilnehmern zugänglich zu machen, von denen viele sich der Weisheit der Frauen zuwenden, um zu heilen, zu hegen und zu pflegen und um Friede und Harmonie zu finden. Die Änderung im Titel zu *Peace und Power: Gemeinschaftsnetzwerke bauen,* gibt zu, daß es an der Zeit ist, Brücken zu schlagen, Verständnis zu suchen, liebende, respektierende, nährende Gemeinschaften mit allen zu bilden, die bereit sind, uns auf diesem Weg zu begleiten. Aus diesem Grunde übergebe ich Ihnen, dem Leser, diese vierte Auflage von *Peace und Power*, die meinen Erfahrungen für das Tribut zollt, was ich mit Charlene erarbeitet habe, und die Möglichkeiten für eine Zukunft anerkennt, die wir uns vor fünfzehn Jahren nicht hätten träumen lassen.

Einführung

Gemeinschaft. Ein Wort mit vielen Assoziationen – ein Wort, das so oft gebraucht worden ist, daß seine Bedeutung so diffus geworden ist, daß sie fast sinnlos ist. Dennoch stellen die Bilder, die es heraufbeschwört, die tiefe Sehnsucht und die Erinnerungen, die es erwecken kann, etwas dar, das Menschen seit undenklichen Zeiten immer wieder aufs Neue erschaffen haben aus unserem tief empfundenen Bedürfnis nach Verbindungen zu uns selbst und zur Mutter Erde.

Helen Forsay 1993[1]

Wir sind es unendlich leid, alleine gegen den Strom zu schwimmen. Wir möchten das Gefühl haben, daß wir geerdet sind, verbunden sind, daß es uns möglich ist, die Erde zu berühren, Wurzeln zu schlagen. Wir suchen nach Gleichgewicht und Schlichtheit in unserem Leben, nach Kameradschaft und Herausforderung in unserer Arbeit und in unseren Beziehungen. Wir sind uns bewußt, daß wir Hoffnung nötig haben, Möglichkeiten mitten in der Verzweiflung brauchen, Integrität und Ganzheit im Kampf gegen die Entfremdung benötigen, daß wir Stabilität an Stelle von Entwurzelung, Hilfsbereitschaft und Nähe, die sich auf Gleichheit und Respekt gründen und nicht auf Verpflichtung und Ausbeutung nötig haben. Diese Notwendigkeiten bestimmen den Weg, der uns zur Gemeinschaft führt.

Helen Forsay 1993[2]

Gemeinschaften aufbauen muß ein feministisches Unterfangen sein und ganz besonders ein ökofeministisches. Für jeden Neuaufbau einer menschlichen Gesellschaft ist es von grundlegender Bedeutung, daß die Gründe von jedem verstanden werden, die dazu führten, daß Frauen durch das Patriarchat geknechtet waren, sonst werden wir uns etwas vormachen und unsere Revolution wird uns genau zu dem gleichen Verhalten zurückbringen, mit dem wir begonnen haben.

Judith Plant 1993[3]

Wenn Sie unzufrieden sind mit der Art und Weise wie die Dinge in den Gruppen, denen Sie angehören, ablaufen und sich bei dem Gedanken ertappen, daß es auch bessere Wege geben muß, dann sind Sie nicht allein. Viele Menschen suchen nach Alternativen, wie man sinnvolle Beziehungen und wirkungsvolle Methoden zur Zusammenarbeit in allen möglichen Gemeinschaften und Gruppen schaffen kann. Dieses Buch vermittelt einen „Leitfaden für Werte" damit Sie über Alternativen, besondere Richtlinien für die Zusammenarbeit mit anderen nachdenken, um Gemeinschaften aufzubauen, die einen Sinn ergeben und sich Gedanken machen über Beispiele von wirklichen Gruppen, die als Modell für die Methoden von *Peace und Power* dienen.

Die Verfahrensweise von *Peace und Power* besteht aus besonderen Aktionen, die sich aus sorgfältig ausgewählten Werten ergeben. Diese Aktionen machen wiederum die ausgewählten Werte existent – die Werte werden sichtbar und fühlbar, weil sie der Auslöser für Aktivitäten sind. Diese Methoden sind feministisch, weil sie Praktiken schaffen, die besonders darauf abzielen, die Nachteile zu überwinden, unter denen Frauen leiden oder die Unterdrückung, die Frauen ganz besonders betreffen.

Diese Vorgehensweisen erstehen aus dem Bewußtsein dessen, was in den patriarchalischen und unterdrückenden Rahmenbedingungen verankert ist und aus dem Wissen um Praktiken, die sich oft dort finden lassen, wo Frauen ihre eigenen Angelegenheiten regeln.[4] Während die Methoden aus den Erfahrungen der Frauen entwickelt wurden, was für feministische Ansätze in anderen Bereichen typisch ist (z. B. im Unterricht oder in der Forschung), ist das Vorgehen von *Peace und Power* besonders darauf ausgerichtet, jegliche Unterdrückung und solche Praktiken auszuschalten, die aus der Unausgewogenheit von Machtverhältnissen entstehen.

Traditionsgemäß sind Frauen Friedensstifter. Die Arbeit von Frauen, die Frieden stiften und die Fähigkeiten, die hierzu benötigt werden, sind jedoch auf den Privatsektor beschränkt und somit unsichtbar.[5] Gerade weil dieser Wirkungsbereich unsichtbar war, weiß man nicht genau, welche Fähigkeiten benötigt werden, um effektiv zu sein oder ob sie in der Öffentlichkeit eingesetzt werden. Die Werte, die oft an Orten anzutreffen sind, wo Frauen ihre eigenen Angelegenheiten regeln, können beschrieben werden. Die Fertigkeiten, die Fähigkeiten und Handlungsweisen, die mit solchen Wertvorstellungen einhergehen, sind diejenigen, die die Vorgehensweisen von *Peace und Power* ausmachen und in diesem Buch beschrieben werden. Die enge Verbindung, die zwischen Werten und Handlung besteht, nennen wir „das tun, was wir wissen und das wissen, was wir tun".

Die Frauen in der feministischen Tradition haben sich an die Weisheit vom „Tun, was wir wissen und vom Wissen, was wir tun" er-innert[6] (leider ist es unmöglich, die dem er-innern zugrundeliegende Bedeutung ins Deutsche zu übertragen, Anm. d. Übersetzerin) und werden es auch weiterhin tun. Während wir es vielleicht nicht immer fertigbringen zu tun, was wir wissen, überlebt die Weisheit davon und wird mit jedem neuen Versuch wiedergelernt. Das Wissen ist so tief vergraben in einer Abfolge von tiefübereinanderlagernden Schichten patriarchalischen Lernens und des Abhängigseins, daß diese Versuche ziemlich ermüdend anmuten. Zur gleichen Zeit sind sie aufregend, bestätigend und ermutigend. Mit jeder erlebten Erfahrung besonders in einer Gemeinschaft, die liebevoll und fürsorglich ist, wird es immer leichter. Wenn man in einer solchen Gemeinschaft lebt und arbeitet, ist das eine Erfahrung, die aufbaut, die heilend für Geist, Körper und Seele ist. In der Tat stehen die Werte und Methoden von *Peace und Power* im engen Zusammenhang mit den Traditionen von Frauen als Heilerinnen.[7]

Wie vieles, das aus dem Bereich der Weisheit von Frauen stammt, waren die Vorgehensweisen von *Peace und Power* weitgehend auf mündliche Überlieferungsformen beschränkt. Das geschriebene Wort stellt eine Form dar, die mehr oder weniger auf konkrete Weise Bestand haben kann, aber zur gleichen Zeit stagniert sie und gerät leicht in Gefahr, vernichtet zu werden. Jahrhundertelang haben Wissenschaftlerinnen die Weisheiten von Frauen zu Papier gebracht, aber sehr wenig davon hat überlebt.[8]

Das gesprochene Wort lebt in den Herzen und Köpfen derer fort, die zugehört oder gesprochen haben, obwohl es den Anschein hat, daß sich die Worte verflüchtigen, wenn sie einmal gesprochen worden sind. Was einmal gesagt wurde, kann nicht vernichtet werden, es sei denn, jeder Einzelne, der diese Worte gehört hat, würde der Vernichtung anheimfallen. Sprechen kann auch ein Gespräch sein, weil Sprecher und Zuhörer den Antworten des anderen ihre Aufmerksamkeit widmen. Der Akt des Sprechens bedeutet, daß etwas in Erscheinung tritt, eine Schöpfung, eine Form, die sogar im gleichen Augenblick, in dem die Äußerung gemacht wird, Anlaß zu neuen Handlungen, neuen Gedanken und neuen Formen gibt. Der Akt des Zuhörens, hören, wie die Worte eines anderen Gestalt annehmen, ermöglicht eine gemeinsame Schöpfung und läßt eine kaum wahrnehmbare Übereinstimmung der Gedanken zu, die die Wahrnehmung eines jeden miteinander verbindet, während die Wörter miteinander geteilt werden.

Das Sprechen und die Sprache sind wesentlich für die gemeinsam geschaffenen Methoden von *Peace und Power*. Die Sprache besteht größtenteils aus patriarchalischen Wörtern. Beim Versuch über neue Werte und Vorgänge zu reflektieren, die oft bei Frauen anzutreffen sind, werden neue Bedeutungen und neue Wörter geschaffen. Wenn ein Zuhörer die Bedeutungen nicht versteht, werden sowohl Handlungen als auch Sprache erforderlich, um die neuen Bedeutungen zu verdeutlichen. Glücklicherweise ist das möglich, weil sie gewissermaßen überhaupt nicht neu sind. Sie sind Teil des Erfahrungsschatzes eines jeden, aber bisher fehlte die sprachliche Möglichkeit, um sie zum Ausdruck zu bringen. Ein Beispiel hierfür ist die Erfahrung einer friedlichen Auseinandersetzung, die obendrein noch belebend sein kann. Im amerikanischen Englisch gibt es hierfür kein Wort, aber diese Erfahrung ist wohl jedem geläufig.

In diesem Buch werden Sie sowohl alte als auch neue Bedeutungen finden, und neue Wörter, die geschaffen wurden, um Bedeutungen, die mit den Verfahrensweisen von *Peace und Power* zusammenhängen, Ausdruck zu verleihen. Als Leser werden Sie nicht in der Lage sein, Handlungen zu beobachten, die vielleicht für Ihr Verständnis bereichernd sein würden. Die Geschichten, die überall im Buch anzutreffen sind, werden Ihnen dabei behilflich sein, diese Lücke zu schließen. Außerdem vermittelt das Buch Richtlinien zum Nachdenken und zum Üben. Die neuen Fertigkeiten sind ebenfalls Teil der *Peace-und-Power*-Methoden. Sobald Sie damit beginnen, *Peace-und- Power*-Verfahrensweisen in Ihrer eigenen Zeit und am eigenen Ort einzuführen, werden Sie beginnen, Bedeutungen zu verstehen und zu schaffen, die aus Ihrer eigenen Weisheit und Ihrer Erfahrung stammen.

Zu diesem Zeitpunkt haben Sie vielleicht bemerkt, daß ich von Ihnen rede wie Sie Ihre eigenen *Peace-und-Power*-Prozesse schaffen. Während dieses Buch Richtlinien, Vorschläge und Vorgehensweisen vermittelt, die erfolgreich in anderen Situationen angewendet worden sind, heißt das nicht, daß das, was dieses Buch vorschlägt, der einzige Weg ist. In der großen, weiten Welt gibt es viele Möglichkeiten, die Gruppen sich einfallen ließen, weil sie ihren eigenen Zwecken dienten, die hier in diesem Buch nicht beschrieben werden. Sie werden wahrscheinlich damit beginnen, die Methoden anzuwenden, die hier beschrieben werden und allmählich werden Sie dann Ihren eigenen Weg finden, um *Peace-und-Power*-Prozesse zu entwickeln, die mit Ihren ausgewählten Werten übereinstimmen und den Umständen entsprechen.

Es ist wichtig, sich Zeit zu nehmen und darüber nachzudenken, ob P*eace-und-Power*-Methoden für Sie und Ihre Gruppe richtig sind. Hier folgen einige Fragen, die Sie sich durch den Kopf gehen lassen sollten, um Ihnen und Ihrer Gruppe zu einer Entscheidung zu verhelfen:[9]

Haben wir ein gemeinsames Ziel? Es ist nicht ungewöhnlich, daß Teilnehmer einer Gruppe in Hinblick auf die Ziele einer Gruppe verschiedene Ansichten haben, aber wenn man eine einfache Aussage identifizieren kann, die ein gemeinsames Verständnis von dem, was man macht, reflektiert, dann ist diese Einigkeit eine gute Grundlage für die Arbeit von *Peace und Power*.

Wie unabhängig sind wir von äußeren hierarchischen Strukturen? Je mehr Ihre Gruppe von hierarchischen Strukturen beeinflußt wird (zum Beispiel einer Bildungsanstalt, einem Unternehmen, einer Firma), umso schwieriger wird es, die Methoden von *Peace und Power* durchzuführen. Es ist nicht unmöglich, aber seien Sie sich der Tatsache bewußt, daß Sie vielleicht wichtige Änderungen vornehmen müssen. Kapitel elf zeigt Ihnen, wie man mit einigen der Herausforderungen fertig wird, die auf Sie zukommen. Wenn Sie ziemlich unabhängig von äußeren hierarchischen Strukturen sind (zum Beispiel eine Gruppe, die aktiv im Gemeinwesen arbeitet, oder eine spirituelle Gruppe oder eine Gemeinschaft, die bestimmte Absichten verfolgt), stehen Sie immer noch unter dem Einfluß anderer und deren hierarchischer Lebensweise. Aber Sie werden immer noch relativ frei sein, um eigene Methoden zu entwikkeln, die mit *Peace und Power* übereinstimmen und um die hierarchischen Gewohnheiten herauszufordern, die andere in die Gruppe mitbringen.

Fühlen wir uns verpflichtet, daß wir Zeit miteinander verbringen? Es ist unmöglich in einer Gemeinschaft Zusammenhalt und Einheit zu entwickeln, wenn man nicht genügend Zeit miteinander verbringt. Man kann vielleicht nicht oft beisammen sein, aber es ist unabdingbar, daß man regelmäßig zu verabredeten Zeiten zusammenkommt und eine Weile miteinander verbringt. Nicht jede muß jedes Mal, wenn die Gruppe sich trifft, anwesend sein, aber jede sollte wissen, wann und wo die Gruppe zusammenkommt. Jede sollte auch die Verpflichtung eingehen, so regelmäßig wie möglich da zu sein.

Sind die Mitglieder der Gruppe bereit, sich an die Verfahrensweisen der Gruppe zu halten? Die Methoden von *Peace und Power* machen es erforderlich, daß man sich Zeit nimmt und den Überlegungen und Diskussionen über die Vorhaben der Gruppe Aufmerksamkeit widmet. Wenn Sie dieses Vorgehen zu Ihrem eigenen machen, werden Sie viel mehr tun, als sich um geschäftliche Angelegenheiten kümmern. *Peace und Power* setzt voraus, daß die Gruppe sich bemüht, Wertvorstellungen und Handlungen miteinander in Einklang zu bringen. Dies ist nur möglich, wenn Sie sich die Zeit nehmen, über das, was während des Prozesses geschieht, zu reden und sorgfältig zu überprüfen, ob Ihre Wertvorstellungen und Handlungen tatsächlich übereinstimmen.

Suchen wir uns selbst und die Welt im allgemeinen auf grundlegende Weise zu verändern? Mit den Methoden von *Peace und Power* beabsichtigen wir, einen Wandel herbeizuführen, der sich abwendet von Praktiken, die der Unterdrückung und Entfremdung dienen und stattdessen Methoden anzuwenden, die bilden und stark machen. Diese Wörter sagen uns vielleicht zu und im Prinzip scheint es leicht, sie sich zu eigen zu machen. Es ist jedoch wahrscheinlich, daß Sie und die Teilnehmer Ihrer Gruppe gelernt haben, Praktiken im Umgang miteinander anzuwenden, die eher trennen und entfremden, sodaß für einige Privilegien aufrechterhalten werden und für andere Nachteile entstehen. Wenn man eine Veränderung bewirkt und auf kooperative und kollektive Weise agiert und interagiert, um Gemeinschaften zu gründen, werden viele Gewohnheiten in Frage gestellt, die wir uns zu eigen gemacht haben. Wenn Sie diese Methode anwenden, müssen Sie sich der Tatsache bewußt sein, daß man von Ihnen und allen Teilnehmern Ihrer Gruppe erwartet, daß Sie sich verändern.

Wenn Ihnen Ihrer Ansicht nach dieses Buch und diese Methode zusagen, dann werde ich Ihnen jetzt eine allgemeine Beschreibung dessen liefern, was Sie in diesem Buch erwartet:

In den ersten beiden Kapiteln finden Sie die Gedanken, die Wertvorstellungen und die Voraussetzungen, aus denen sich die Methoden von *Peace und Power* ableiten. In Kapitel drei wird erläutert, was es bedeutet, sich für die Werte und Methoden von *Peace und Power* zu engagieren. Kapitel vier schreibt die Richtlinien vor, damit die Prinzipien der Einheit formuliert werden können. Die Kapitel fünf bis acht beschreiben jede einzelne Komponente der Methoden in Anwendung, wobei das Interesse auf das gerichtet ist, was sich zuträgt, wenn Ihre Gruppe zusammenkommt. Kapitel neun enthält Richtlinien dafür, wie Konflikte transformiert werden können und Vorschläge für Einzelne sowie für die Gruppe als Ganzes. Kapitel zehn gibt kurze Anleitungen für periodische Veränderungen wie zum Beispiel Veränderungen der Teilnehmerzahlen der Gruppen. Kapitel elf macht Forschungen innerhalb existierender patriarchalischer Systeme unter Zuhilfenahme von *Peace-und-Power*-Methoden, besonders im Unterricht, bei Komitees und anderen Arbeitsgruppen.

Die Anmerkungen am Ende des Buches, die nach Kapiteln geordnet sind, enthalten die traditionellen Hinweise auf die Literatur und Frauen und Frauengruppen, die uns dabei behilflich waren, den Gedanken von *Peace-und-Powe*r-Form zu verleihen. Diese Anmerkungen liefern auch anekdotenhafte Kommentare zu dem Text selber, parenthetische Gedanken, die sich auf den Text beziehen, Erfahrungen, die den Text erläutern und Literatur, die zusätzlich vertiefende Informationen zu den Sachgebieten im Text liefert. Wie die Traditionen, die in der Arbeit anderer feministischer Autorinnen zu Tage getreten sind, sind die Anmerkungen eine wertvolle Informationsquelle und für sich selbst lesenswert. Im ganzen Buch werden Sie Beispiele finden, die auf persönlichen Erfahrungen mit *Peace-und-Power*-Methoden beruhen. Alle Beispiele sind Geschichten, die aus wirklichen Erlebnissen stammen. Einige wurden aus unterschiedlichen Erfahrungen zusammengefaßt in der Absicht, kritische Einsichten bildlich vor Augen zu führen.

Als Charlene und ich die dritte Auflage dieses Buches schrieben, befanden sich die Vereinigten Staaten erneut im Krieg – dem Golfkrieg. Als der Krieg beendet war, gab es keinen Frieden. Das erinnerte wieder einmal in schmerzlicher Weise daran, daß Friede einfach nicht das Gleiche bedeutet wie die Nichtexistenz eines Krieges und daß das Wort Macht dringend einer neuen Definierung bedarf. In jenen Tagen sprachen Charlene und ich mit vielen Frauen, denen die Frage, wie man Frieden auf Erden schaffen könnte, ebenfalls am Herzen lag. Man muß erst im Innern beginnen: da, wo wir leben und arbeiten, an jedem Tag, mit Mitteln, die auf Werten von *Peace und Power* beruhen.[10] In der folgende Liste haben wir viele Gedanken zusammengefaßt – eine Liste, die ebenfalls Vorstellungen von Gemeinschaften in der Zukunft formuliert.

EIN DUTZEND UND EINS WICHTIGER DINGE, DIE DU TUN KANNST, UM FRIEDEN AUF DER ERDE ZU SCHAFFEN

1. Pflanze und pflege etwas, das wächst.
2. Praktiziere die höfliche Art des Nachgebens: im Auto, in der Unterhaltung etc.
3. Beteilige Dich aktiv an einer Gruppe, die auf den Prinzipien der Kooperation, auf den Prinzipien von *Peace und Power* beruht.

4. Schmücke Dein Heim, Deinen Arbeitsplatz und Deine äußere Umgebung mit sichtbaren und hörbaren Bildern von Frieden und Stille.
5. Tu wenigstens einmal etwas Gutes für Dich, um Dir das Leben leichter zu machen. Reduziere Deinen Verbrauch an Wegwerfprodukten.
6. Unternehme wenigstens einen einzigen Versuch, um Deinen Verbrauch an Bodenschätzen zu reduzieren.
7. Freunde Dich mit vegetarischer Ernährung an.
8. Lerne und praktiziere eine Form der Meditation.
9. Lerne und praktiziere Möglichkeiten, wie man mit anderen auf freundliche Weise umgeht.
10. Tausche regelmäßig sanfte Formen der Berührung aus.
11. Sage jeden Tag wenigstens einem Menschen oder einer Gruppe, wie sehr Du sie schätzt.
12. Helfe drei Kindern, drei Punkte auf dieser Liste zu lernen.
13. Gib diese Liste an andere weiter.

1

Frieden: Was heißt das?

Wenn ich der Ansicht bin, daß sich so viel verändern muß, dann muß ich auch bereit sein, mich selbst zu ändern.

Francis Moore Lappé, 1990[1]

Copper woman warnte Hai Nai Yu, daß die Welt sich verändern würde und daß Zeiten kommen würden, in denen Wissen nicht mehr dasselbe sein würde wie Tun. Und sie sagte ihr, daß Versuchen immer von größter Wichtigkeit sein würde.

Anne Cameron[2]

Ein paar Frauen, die jetzt alt und nicht länger stark sind. Ein paar ältere Frauen, die das am Leben erhielten, was die Invasoren zu zerstören suchten. Großmütter und Tanten, Mütter und Schwestern, die in Ehren gehalten, und die verehrt und beschützt werden müssen, auch wenn das eigene Leben auf dem

Spiel steht. Die respektiert werden müssen. Zu jeder Zeit respektiert. Frauen, die das wissen, was wir wieder versuchen müssen zu lernen. Frauen, die den Kern zur Verfügung stellen, auf dem wir erneut aufbauen müssen, Frauen, die mit uns teilen, wenn wir sie darum bitten. Frauen, die uns lieben. Und Frauen, die Kandidatinnen zu sein scheinen, die geprüft und für wert befunden wurden und die die alten Weisheiten lernen. Junge Frauen, die es nicht immer schaffen, das zu tun, was sie wissen und die deshalb unsere Liebe und unsere Hilfe brauchen.

Anne Cameron[3]

Überlegung und Handlung, Vorstellung und Tun sind eng miteinander verbunden.
Wir können nichts in die Tat umsetzen, was wir nicht auf irgendeine Weise gedacht haben.

Elise Boulding 1988[4]

Friede ist sowohl Absicht als auch Weg. Der *Friede* von dem dieses Buch handelt, macht es erforderlich, daß man sich der Ereignisse, die in einer Gruppe geschehen, vollkommen bewußt ist. *Friede* verlangt, daß man weiß, was man als Einzelperson tut, wenn man mit anderen interagiert. *Friede* erfordert, daß man das tut, was man in seinem Herzen weiß – daß die eigenen erwählten Werte unsere Handlungen bestimmen. *Friede* ist das Mittel, das Ende, der Vorgang und das Ergebnis. Die Wege des *Friedens* wurzeln in der uralten Weisheit der Frauen. Viele dieser Weisheiten sind verloren oder verdunkelt, aber sie können gefunden und erneut beansprucht werden. Angesichts dessen, was es heutzutage an Streß, Gewalttätigkeit und Zerstörung gibt, wenden sich die Menschen wieder den weiblichen Weisheiten zu, weil sie von *Frieden*, Kreativität, Liebe, Respekt, Hegen und Pflegen, Wachstum und Heilung handeln.[5]

Das Akronym, das folgt, definiert den Gedanken von *Frieden* als Absicht und Weg.

Jeder Buchstabe von PEACE (Friede) bedeutet eine Verpflichtung, die die Wege, innerhalb derer Individuen wählen können, wie sie miteinander im Rahmen eines Gruppenprozesses umgehen wollen.

Praxis	Praxis
Empowerment	Empowerment
Awareness	Bewußtheit
Consensus	Konsens
Evolvement	Engagement

Praxis

Praxis ist eine rücksichtsvolle Betrachtungs- und Handlungsweise, die beide Hand in Hand vor sich gehen und das Ziel haben,[6] die Welt zu verändern. Was Praxis anbelangt, ist das Wissen der meisten Leute beschränkt, da wir in einer Zeit leben, in der Wissen und Tun nur selten das Gleiche bedeuten. In den Ländern der westlichen Welt ist die Aussage: „Tu, was ich sage, nicht was ich tue", sehr geläufig. Wenn Sie bereit sind, die Botschaft von: „ich weiß, was ich tue und ich tue, was ich weiß" zu vermitteln, dann beginnen Sie nach Ihren eigenen Wertvorstellungen zu leben. Praxis bedeutet *sichtbar gemachte* Werte *durch bewußtes Handeln*. Die Handlungsweise, die Sie gewählt haben, um die Wertvorstellungen von *Peace und Power* widerzuspiegeln, werden zu einem immerwährenden Zyklus ständiger Erneuerung. Während Ihre Taten von dem Bewußtsein Ihrer Wertvorstellungen durchdrungen sind, werden Ihre Denkweise und Ihre Ideen geprägt und verändert durch Ihre Erfahrungen mit den Taten.

Empowerment

Empowerment bedeutet Wachstum der persönlichen Stärke, der Macht und der Fähigkeit, seinen eigenen Willen umzusetzen und Liebe für sich selbst im Zusammenhang mit Liebe und Respekt für andere zu empfinden. Empowerment ist keine Nachgiebigkeit gegen sich selbst, sondern eher eine Form von Stärke, die aus der wahren Solidarität mit und unter jenen entsteht, die *Frieden* suchen.[7] Empowerment verlangt, daß man sich nach innen wendet und auf seine eigene Stimme hört und ebenfalls, daß man anderen genau und intensiv zuhört und dabei bewußt Kraft aufnimmt und sie umsetzt.[8] Empowerment heißt nicht, Macht über andere Menschen, andere Kreaturen oder die Erde auszuüben. In Wirklichkeit ist Empowerment nur möglich, wenn wir unsere Achtung und unsere Verehrung für alle Lebensformen zum Ausdruck bringen und die Energie unseres Selbst mit der der Erde verschmelzen und eins mit ihr werden.

Awareness

Bewußtheit ist das aktive, wachsende Wissen vom Selbst, von Anderen und der Welt, in der wir leben. Das bedeutet, daß wir uns dem Hier und Jetzt zuwenden. Es bedeutet auch ein höheres, transzendentes Bewußtsein, das weiter sieht als den Augenblick in der Vergangenheit oder der Zukunft. Die Methode, die dem Feminismus zu Grunde liegt, ist die Erweiterung der Wahrnehmung oder die Sicht unserer Welt in einem politischen und historischen Zusammenhang. Das ist eine lebensnotwendige Veränderung in einer Gesellschaft, die das Wissen und die Erfahrungen von Frauen als abnormal oder nichtexistent abtut. Wenn man sein Bewußtsein erweitert, nimmt man die Doppeldeutigkeit wahr, wo das, was als normal eingestuft wird, in Wirklichkeit abnormal ist und das, was „Friede" genannt wird, in Wirklichkeit „Krieg" bedeutet.[9]

Consensus

Konsens ist die aktive Verpflichtung zur Solidarität und Integrität in einer Gruppe. Er verkörpert Kooperation und Kollektivität. Während das Fällen von Entscheidungen durch Konsens ein Teil des *Peace-und-Power-Prozesses* ist, ist es auch eine innere Bereitschaft, die Meinungsverschiedenheit und Offenheit zur Selbstanalyse begrüßt.

Die Verpflichtung einer Gruppe, Entscheidungen durch Konsens zu treffen, wächst aus den gemeinsam erstellten Prinzipien der Einheit, in der der Standpunkt jedes Individuums als gleichberechtigt bewertet wird, wenn Gruppenentscheidungen zu treffen sind. Das bedeutet, daß man sich von jeder Handlung distanziert, die Macht über andere Individuen oder Gruppen ausübt. Konsens wächst eher aus der vollen Integration, einem Einigungsprozeß mit den Wahrnehmungen aller, die Einfluß nehmen auf eine besondere Angelegenheit, ein Problem oder eine Entscheidung.[10]

Evolvement

Engagement ist die Verpflichtung zum Wachstum, wo Wandel und Transformation sich bewußt und absichtlich vollziehen. Engagement kann man mit den Mondphasen vergleichen, bei denen alt und neu, Leben und Tod und Phasen letztendlich eins sind. Was konstant bleibt, sind die Phasen selber. Wenn man Gruppenprozesse erfährt, die sich auf *Frieden* gründen, dann ist man verändert. Eine Gruppe verändert sich mit den sich verändernden Umständen, während Individuen kommen und gehen oder sich mehr oder weniger engagieren und wenn die Ziele und Aktivitäten sich verändern. Wachstum und Transformation werden in jeder neuen Phase[11] begrüßt und gefeiert. „Sie schaffen Ihre Realitäten, wie Sie sie leben. Es kann keine Fehler, keine Katastrophen geben – nur Gelegenheiten für die Wiedererschaffung."

Friede ist nicht...

- Die Dinge um der Freundschaft willen vernachlässigen.
- Alles, was verlangt wird zu tun um des lieben Friedens willen.
- Jemanden hinter ihrem / seinem Rücken kritisieren.
- Bei einer Sitzung zu schweigen, nur um nachher verrückt zu spielen.
- Die Dinge schleifen lassen, wenn sie Sie persönlich nichts angehen.
- Auf Nummer sicher zu setzen, um Konfrontationen aus dem Weg zu gehen.
- Jemanden manipulieren, um offenen Konflikt zu vermeiden.
- Jemanden zwingen das zu tun, was Sie wollen.

- Hören wie die Wahrheit verfälscht wird, ohne das zu widerlegen.
- Das Benehmen anderer zu tolerieren, wenn es destruktiv ist.
- Informationen zurückzuhalten, um jemand anders zu schützen.

Gute Absichten haben genügt nicht

Wenn man sich zuerst an den Interaktionen einer Gruppe beteiligt, ist die Absicht *Frieden* zu wollen, entscheidend. Absicht genügt jedoch nicht. Aktionen, die aus der Absicht entstehen, sind wichtig. Aktionen sind die entscheidende Prüfung der Absicht. Prüfen Sie gründlich, wie genau Ihre Absichten sich mit Ihren Aktionen vereinbaren lassen, indem Sie Fragen wie die folgenden stellen:

- Weiß ich, was ich tue und tue ich, was ich weiß? (Praxis)

- Drücke ich meinen eigenen Willen im Rahmen von Liebe und Respekt für andere aus? (Empowerment)

- Bin ich mir meiner selbst und anderer vollkommen bewußt? (Awareness)

- Sehe ich Konflikten offen ins Auge und integriere ich Meinungsunterschiede, wenn ich nach Lösungen suche? (Consensus)

- Schätze ich Wachstum und Veränderung für mich selbst, andere und die Gruppe? (Evolvement)

2

Wie wir vorwärts kommen: Macht für den Frieden

Der Wandel in unserem Machtbegriff ist radikal. Er bedeutet, daß wir Macht nicht als etwas ansehen, das wir besitzen, nicht als etwas, mit dem wir andere zu etwas zwingen können, sondern als Tätigkeitswort, als ein Prozeß, an dem wir teilhaben. Das ist ein ungeheurer evolutionärer Wandel.

Joanna Rogers Macy[1]

Die Herausforderung für uns bei der Entwicklung unserer persönlichen Macht ist die, daß wir willens sind zu erkennen, daß diese Macht in uns und in unserer mutigen Wahl zur Vergebung ist. Sie ist auch darin enthalten, daß wir alles loslassen, was diese Macht daran hindert, sich vollkommen zu manifestieren.

Diane Mariechild[2]

Wir müssen ein neues Modell für die Macht schaffen, die als Gegenwärtigkeit definiert wird. Die Gegenwärtigkeit, daß ich mir meiner eigenen Stärken und Schwächen bewußt bin, eines tiefempfundenen Respekts für das Selbst in mir, und deshalb empfinde ich Respekt für das Selbst von anderen. Unser Ziel muß die individuelle Ganzheit eines Jeden innerhalb einer Gruppe sein. Wir müssen die Grenze zwischen dem Intellekt und den Emotionen durchlässiger und lockerer machen, damit das mächtige und wunderbare Potential des Unbewußten jedem Einzelnen und der ganzen Gruppe verfügbar wird. Wir müssen dem Selbst und anderen gegenüber gewahr sein. Macht als solche, die aus sich selbst entsteht, ist neutral. Wir müssen die Verantwortung für unsere eigenen Handlungen übernehmen und uns unserer eigenen Absichten, der Absichten anderer und der Absichten einer jeden Gruppe bewußt werden, bevor wir einfach einen Aktionsplan in Angriff nehmen. Macht über Macht verlangt, daß wir Dinge tun, die wir nicht bereit sind zu tun. Die Macht der Gegenwärtigkeit bedeutet, daß wir sorgfältig wählen und unsere Absichten durchschauen.

Grace R. Rowan[3]

Macht ist die Energie, aus der sich eine Handlung ergibt. Die Form von Macht, die den Antrieb zum *Frieden* gibt, unterscheidet sich von der Macht, die überall auf der Welt praktiziert wird. Die Macht, die überall auf der Welt praktiziert wird, spiegelt ein patriarchalisches Ideal. Nach der patriarchalischen Definition ist Macht die Möglichkeit, anderen seinen eigenen Willen aufzuzwingen, gepaart mit der Möglichkeit, mit diesem Willen andern gegenüber Sanktionen anzuwenden, die sich diesem Willen widersetzen. Übertragen heißt das „Liebe zur Macht". Hierbei wird die Tatsache, daß man Macht hat, wichtiger, ge-

fährlicher als das, wofür diese Macht eingesetzt wird oder was aus dem Gebrauch der Macht resultiert. Jegliche Maßnahme, die nötig ist, um diese Macht zu behalten, gilt als gerechtfertigt. Obendrein erkennen die Menschen, die manipuliert oder kontrolliert werden, die Mechanismen, die dem zu Grunde liegen, nicht, weil man ihnen so gründlich eingebleut hat, daß die Machtstruktur, so wie sie ist, der einzige Weg ist. In diesem Buch wird diese Form von Macht „Macht-Über" genannt. Die Form von Macht, die nötig ist, um FRIEDEN zu schaffen und zu leben, spiegelt ein Ideal wider, bei dem der Blickpunkt sich auf die zugrundeliegenden Werte verschiebt, die mit der Ausübung der Macht zu tun haben und auf das, was bei der Anwendung der Macht geschieht. Was wichtig ist, ist die Fähigkeit in Harmonie mit anderen und mit der Erde zu existieren und sich mit andern zusammenzutun, um ihre gemeinsamen Energien gezielt auf eine Zukunft zu richten, die sie zusammen suchen. In diesem Buch heißt diese Macht: „die Macht des FRIEDENS".[4]
In diesem Kapitel werden Sie die beiden Formen der Macht einander gegenübergestellt vorfinden. Es sind nicht die einzigen Formen der Macht, die man sich vorstellen kann. Aber sie sind beide für die Überlegung wichtig, wenn Ihre Gruppe beabsichtigt, ein Gleichgewicht der Mächte in Ihren Beziehungen miteinander zu schaffen. Während die Mächte des FRIEDENS bekannt sind, ist es für Sie vielleicht ungewöhnlich, sie als Macht zu betrachten, weil alles, was Sie erfahren und gelernt haben, aus den Traditionen des hierarchischen Machtmodells stammt. Die Mächte des FRIEDENS kommen uns bekannt vor, weil sie in unserem privaten Leben im Mittelpunkt stehen. Im allgemeinen betrachtet man sie nicht als Macht, weil sie noch nicht der vorherrschende Modus bei Aktionen überall auf der Welt sind, weder im öffentlichen noch im privaten Bereich. Den Mächten des FRIEDENS scheint vielleicht ein idealistischer Aspekt anzuhaften, wenn man darüber liest. Sobald sie aber durch ihre

Taten wahrgenommen werden können, schaffen sie drastische Veränderungen, sie werden sehr real.

Die Mächte des FRIEDENS und die Macht über Mächte sind keine Gegensätze, aber sie stehen in scharfem Kontrast zueinander. Macht über Eigenschaften und Methoden sind in der folgenden linken Spalte aufgeführt. Merkmale und Methoden der Mächte des FRIEDENS sind in der Spalte rechts aufgeführt mit der Betonung auf die Werte und auch auf die Prozesse, durch die sie in die Tat umgesetzt werden.[5]

Die Macht über Mächte

Bei der Macht der Resultate liegt die Betonung auf Programmen, Zielen und Maßnahmen, die die erwünschten Resultate herbeiführen. Das Erreichen der Ziele rechtfertigt den Einsatz jeglicher Mittel: „Ist mir egal, wie Sie das machen, aber erledigen Sie die Angelegenheit."

Die Macht der Vorschriften erzwingt den Wandel durch Autorität; persönliche Interessen schreiben das Ergebnis vor. Die Haltung ist patriarchalisch. „Tun Sie, was ich Ihnen sage. Ich weiß, was für Sie am besten ist."

Die Macht der Trennung betont die Zentralisierung und das resultiert in der Anhäu-

Die Mächte des FRIEDENS

Bei der Macht der Prozesse liegt der Schwerpunkt auf neuen Perspektiven und dem Fehlen von rigiden Zeitplänen. Ziele, Programme und Zeitpläne werden als Werkzeuge eingesetzt, sie sind jedoch weniger wichtig als der Prozeß.

Die Macht des Loslassens ermutigt, daß der Wandel sich aus dem Bewußtsein der kollektiven Integrität ergibt, Führung inspiriert zu einem Gleichgewicht zwischen den Interessen eines jeden Individuums und den Interessen der ganzen Gruppe.

Die Macht des Ganzen schätzt den Austausch neuer Gedanken, Vorstellungen und Energi-

fung von Wissen und Qualifikationen von wenigen Privilegierten: „Was sie nicht wissen, tut ihnen nicht weh."

en von allen und fördert Netze zur gegenseitigen Hilfeleistung, die sowohl vertraulich als auch informierend sind. Das Teilen von Wissen und Qualifikationen wird als gesund und wünschenswert angesehen.

Die Macht der Gewalt verleiht Macht für oder gegen andere und wird erreicht durch die Bereitschaft, Strafen aufzuerlegen und negative Zustimmungen herbeizuführen. Ein Einzelner trifft Entscheidungen im Namen eines anderen oder einer Gruppe von Individuen: „Machen Sie es, oder sonst…"

Die Macht des Kollektivs schätzt die persönliche Macht jedes einzelnen Individuums als integraler Bestandteil zum Wohl einer Gruppe. Die Entscheidung der Gruppe, bei der jedes Individuum an der Erreichung der Übereinstimmung beteiligt war, gilt als die Entscheidung eines einzigen Individuums und als realisierbarer als eine Entscheidung der Mehrheit.

Die Macht der Hierarchie benötigt eine lineare Kommandokette, bei der die Verantwortung in Schichten unterteilt wird in getrennte, diskrete Verantwortungsbereiche. „Ich fälle keine Entscheidungen, ich arbeite nur hier." Oder: „Der schwarze Peter landet immer bei mir."

Die Macht der Einheit teilt sich die Verantwortung, wenn es darum geht, Entscheidungen zu fällen und Anordnungen zu treffen, die sich aus den Entscheidungen in einem lateralen Netzwerk ergeben. Bei diesem Vorgang wird gründliches Nachdenken geschätzt, die Betonung liegt auf der Integration der Vielfalt innerhalb der Gruppe.

Die Befehlsgewalt macht es nötig, daß die Führungskräfte aggressiv sind und ihre Gefolgsleute passiv; den

Die Macht des gemeinsamen Handelns begünstigt, daß die Führung sich abwechselt je nach Talenten, Interessen,

Führungskräften werden Titel, ein Status, Privilegien (und höhere Gehälter) zuteil. „Ich sage Ihnen, was getan werden muß oder: Sagen Sie mir, was ich tun soll."

Die Macht der Gegensätze polarisiert Probleme. Die Wünsche des Einzelnen werden subsummiert durch die Notwendigkeit der Wahl zwischen „dem Dafür oder dem Dagegen". Die Sprache spiegelt die Werte von „Gut oder Böse", „Recht und Unrecht" wider. „Wenn Sie nicht für uns sind, dann sind Sie gegen uns."

Die Macht des Nutzens ermutigt dazu, daß die Ausbeutung von Bodenschätzen und Menschen als „normal" und akzeptabel gilt. „Wenn Sie nicht für das arbeiten wollen, was wir Ihnen zu zahlen bereit sind, dann können Sie ja gehen. Es gibt genügend Leute, die nur auf Ihren Job warten."

Die Macht der Anhäufung sieht materielle Güter, Ressourcen und Dollar als Dinge, die genutzt werden sollen aus eigenem Interesse und als Gegenstände, mit

Fähigkeiten oder Qualifikationen; die Betonung liegt auf der Vermittlung von Wissen und von Fertigkeiten, damit alle individuelle Talente entwikkeln können.

Die Macht der Integration sieht alle Aspekte einer Situation im Zusammenhang ohne arbiträre, wertbeladene Schlußfolgerungen. Wenn das Individuum seinen eigenen Willen ausführt, integriert es Liebe zum Selbst und Liebe zu anderen und handelt mit Respekt für das Recht eines jeden Menschen auf den eigenen Willen.

Die Macht des Hegens und Pflegens sieht das Leben als einen wertvollen Schatz an, der in Ehren gehalten und respektiert werden muß. Die Erde und alle Kreaturen werden als wichtig und wesentlich für das Weiterleben auf diesem Planeten angesehen.

Die Macht der Verteilung schätzt materielle Ressourcen wie auch Nahrung, Land, Raum und Geld als Dinge, die zum Wohl aller genutzt werden sollen, um sie gerecht zu teilen gemäß der Bedürf-

denen man Privilegien über andere gewinnen kann. „Ich habe dafür gearbeitet, ich habe es gekauft, ich besitze es. Und ich verdiene es!"

Die Macht der Kausalität verläßt sich darauf, daß die Technologie den Sieg ohne Rücksicht auf die Folgen davonträgt, die sie womöglich in der Zukunft verursachen wird. „Was, Du bekommst Ödeme von dieser Tablette? Hier, nimm diese, sie wird Dich entwässern."

Die Macht der Zweckdienlichkeit hebt nachdrücklich die Wichtigkeit des sofortigen Ertrags oder der einfachsten Lösung hervor. „Radioaktiver Abfall? Na und? Laß ihn uns irgendwohin verfrachten oder ins Meer kippen."

Die Macht der Xenophobie (Fremdenfeindlichkeit) belohnt den Konformismus und die richtige Einstellung. Gleiches Aussehen, gleiches Denken gelten als positive Werte. „Spielen Sie mit. Nur kein Aufsehen erregen."

tigkeit. Materielle Güter werden als eine Möglichkeit angesehen, nicht als Selbstzweck um ihrer selbst willen.

Die Macht der Intuition spürt, was unternommen werden muß auf der Grundlage der gesamten menschlichen Erfahrung, der wir uns bewußt sind. Während die Technologie als ein Mittel angesehen wird, wird sie nicht um ihrer selbst willen ausgewählt oder nur deshalb, weil es sie gibt.

Die Macht der Bewußtheit legt die Betonung auf langfristige Resultate und ethische Verhaltensweisen. Ethik und Moral leiten sich von den Werten ab, die das Leben, das Wachstum und den Frieden schützen und von Werten, die der Konfrontation mit destruktiven Handlungen zugrunde liegen.

Die Macht der Vielfalt ermutigt zur Kreativität, schätzt alternative Ansichten, begrüßt die Flexibilität. Gegenteiliger Meinung zu sein wird erwartet und ermutigt. Jeder Standpunkt wird bei Entscheidungen miteinbezogen.

Die Macht der Geheimhaltung verläßt sich auf den geheimnisvollen Nimbus, der den Vorgang, die Vertreter und die Befehlskette umgibt. Derjenige, der tatsächlich die Macht ausübt, führt selten die Entscheidungen durch oder tritt direkt auf den Plan, sondern er läßt jemand anders die schmutzige Arbeit verrichten. „Ich tu nur das, was man mir aufgetragen hat."

Die Macht der Verantwortung konzentriert sich auf die Enthüllung des Vorgangs und besteht darauf, daß der Name des Vertreters genannt wird oder handelt selbst als Vertreter; offene oder Selbstkritik, die durch die Liebe und den Schutz für das Individuum und der Gruppe motiviert wird, wird willkommen geheißen.

3

Verpflichtung: sich auf den Weg begeben

Haben Sie jemals
- an einer Besprechung teilgenommen, bei der zwei Personen die ganze Zeit debattiert haben, ohne daß etwas dabei herauskam?
- an einer Besprechung teilgenommen, bei der es Ihnen nicht möglich war das zu hören, was jemand anders sagen wollte, weil die Rednerin ständig unterbrochen wurde?
- gegen einen Antrag gestimmt, der angenommen wurde, obwohl Sie wußten, daß Sie schwerwiegende Einwände hatten, die jedoch nie angehört oder zur Sprache gebracht wurden?
- eine Besprechung verlassen und gedacht, daß Sie die einzige waren, die unzufrieden war?
- eine Besprechung verlassen und erst nachher im Vorraum herausgefunden, um was es wirklich ging?
- eine Besprechung verlassen und gedacht „Es muß doch noch einen besseren Weg geben?"

Es gibt einen besseren Weg. Der bessere Weg ist *Peace und Power* in Aktion. Diese Methoden sind keine Garantie für vollkommen befriedigende Resultate. Sie sind auch nicht automatisch die Lösung für die gräßlichen Besprechungen, die Sie vielleicht ertragen mußten. In Wirklichkeit werden die Methoden von *Peace und Power* ganz gewiß zu einem Mißerfolg führen, wenn man sie wie ein Kochbuch befolgt. *Peace und Power* erfordert, daß Sie und Ihre Gruppe aktiv schöpferisch tätig werden, Wege verändern und durchdenken, um Ihre Wertvorstellungen in Aktivitäten umzuwandeln.

Um einen besseren Weg zu finden, beginnt man mit Individuen, die bewußt Werte wählen, die mit den allgemeinen Werten von: Praxis, Empowerment für alle, Bewußtheit, Konsens und Engagement übereinstimmen. Zur gleichen Zeit bedeutet die Tatsache, daß man einen besseren Weg finden will, um die persönliche Verantwortung zu übernehmen, damit diese Werte durch Aktionen sichtbar gemacht werden. Man kann die Methoden von *Peace und Power* anwenden, ohne sich Gedanken über das „Warum" zu machen und diese Methoden *werden* mit Gruppen funktionieren, die bisher in der Vergangenheit die Macht über Methoden angewandt haben. Die Prozesse werden jedoch bei jedem Individuum und der Gruppe einen Wandel verursachen, wenn mehrere Individuen dazu übergehen, sich für die Verpflichtungen zu engagieren, die in diesem Kapitel beschrieben werden.

Die Probleme, die in Gruppen entstehen, geschehen notwendigerweise nicht aus böser Absicht. Sehr viel häufiger entstehen Probleme aus Werten, die viele aus patriarchalischen Macht-über-Beziehungen gelernt haben. Wenn Macht-über-Werte in Aktionen umgesetzt werden, ist es ganz typisch, daß Distanz entsteht, sich Vorteile für einige und Nachteile für andere ergeben und individuelle Unzufriedenheit herrscht.

Während der nun folgenden restlichen Kapitel werden Sie den Idealzustand der Schöpfung einer neuen Realität sehen durch Aktionen, die sich auf die Mächte des FRIEDENS gründen. Am Anfang steht Ihr eigenes Wertsystem oder Ihre Werte, die sich in Ihren Aktionen widerspiegeln sollen und der Wille, sich in Aktionen zu üben, die jene Werte widerspiegeln. In den folgenden Abschnitten finden Sie ausgewählte Aktionen, die Sie in die Tat umsetzen können, um damit anzufangen, die Werte von *Peace und Power* widerzuspiegeln. Während Sie diese Vorschläge lesen, konzentrieren Sie sich auf Ihre eigenen Gedanken, Gefühle und Erfahrungen und auf das, was Sie in Ihr Leben einbringen wollen. Denken Sie darüber nach, wie jede dieser Mächte des FRIEDENS aussehen würde, wenn Sie diese Form von Energie und diesen Einfluß in Ihre Interaktionen mit anderen einfließen lassen würden.

Die Verpflichtung zu Peace und Power

Eine Verpflichtung zur Macht des Prozesses bedeutet:

Aktionen	*Worte*
Lassen Sie sich und allen andern in der Gruppe Zeit, sich mit einem Problem oder einer Angelegenheit zu befassen, die für jeden Einzelnen existieren kann.	*Chullie hat ein Problem, das ich mir durch den Kopf gehen lassen muß. Ich werde sie in der Woche anrufen, um vor unserer Besprechung nächste Woche einiges zu klären.*
Lassen Sie Entscheidungen allmählich reifen; wir alle wissen, daß nur wenige Entscheidungen dringend sind.	*Ich habe es nicht eilig mit dieser Entscheidung. Was halten die anderen vom Warten?*

Fordern Sie jeden in der Gruppe auf, während der Diskussion ihre Gedanken einzubringen oder über ihre Probleme zu sprechen.

Einige haben sich noch nicht zu dieser Angelegenheit geäußert. Habt Ihr irgendwelche Probleme, die Ihr der Gruppe noch nicht vorgetragen habt?

Eine Verpflichtung zur Macht des Loslassens bedeutet:

Aktionen
Ihre eigenen, persönlichen Interessen beiseiteschieben, damit andere in der Gruppe von ihren Interessen ausführlich berichten können.

Worte
Ich möchte meine Freizeit wahren und Sonntags nicht zum Meeting kommen. Ich würde sehr gerne wissen, wie andere zu diesem Problem stehen.

Anderen helfen, die neu sind oder etwas Neues in der Arbeit lernen und etwas übernehmen, in dem Sie sich schon gut auskennen.

Michelle und ich werden uns vor unserm nächsten Treffen damit beschäftigen, wie unsere Buchhaltung funktioniert. Möchte jemand bei uns mitmachen und anfangen, sich an dieser Arbeit zu beteiligen?

Bringen Sie die Einwände oder Sorgen vor, die Sie wegen einer Situation in der Gruppe haben, aber fügen Sie sich, wenn die Gruppe zu etwas anderem übergehen muß.

Ich habe Euch meine Befürchtungen wegen der Ausgaben für dieses Projekt mitgeteilt und die Gruppe ist fest entschlossen, es auf jeden Fall durchzuführen. Ich verlasse mich auf das Urteilsvermögen der Gruppe und bitte um Hilfe, damit ich meine Furcht loslassen kann.

Eine Verpflichtung zur Macht des Ganzen bedeutet:

Aktionen
Passen Sie Ihre eigenen individuellen Bedürfnisse und Interessen denen der Gruppe an.

Worte
Ich arbeite gerne alleine und spät abends – ich könnte Poster machen oder mich mit der Buchhaltung beschäftigen oder auch die Adressenliste auf den neuesten Stand bringen.

Wege finden, Dinge miteinander zu tun, um die Machtverhältnisse innerhalb der Gruppe auszugleichen.

Nicole, wie wär's, wenn Du die Adressenliste an Deinen späten Abenden auf den neusten Stand bringst? Poster machen ist ein Projekt, das der ganzen Gruppe Spaß macht und neue Mitglieder sollten lernen, wie die Abrechnung gemacht wird.

Eine Verpflichtung zur Macht der Gemeinsamkeit bedeutet:

Aktionen
Die Interessen jedes Mitglieds der Gruppe einschließlich derer, die nicht anwesend sind, in Betracht ziehen.

Worte
Wir werden diese Entscheidung als eine vorläufige betrachten, bis die Gruppe in Kalifornien die Angelegenheit ebenfalls besprochen hat und uns ihren Standpunkt mitteilt.

Es muß sichergestellt werden, daß jedes Problem bei jeder Diskussion und jeder Entscheidung berücksichtigt wird.

Wir haben uns Jens Befürchtungen wegen der Ausgaben angehört und ihr Gefühl darüber, daß die Gruppe das Projekt auf jeden Fall zu verwirklichen beabsichtigt. Ich denke, daß wir das Projekt realisieren sollten.

Eine Verpflichtung zur Macht der Einheit bedeutet:

Aktionen
Den Konflikt offen und konstruktiv zur Sprache bringen und hiermit aktiv die Einheit der Gruppe stärken.

Sich der Prinzipien der Einheit der Gruppe stets bewußt sein als Grundlage dafür, daß wir unsern Zielvorstellungen näher kommen.

Die Werte und Freuden, die alle miteinander teilen, sollten gefeiert werden.

Worte
Ich bin traurig, weil Janie und die Gruppe für Öffentlichkeitsarbeit ihre Pläne für dieses Ereignis nicht vorgelegt haben. Ihr macht Eure Sache großartig, aber unsere Unkenntnis macht diesen wichtigen Vorgang für uns undurchschaubar. Wir haben uns dem Prinzip der Einheit verschrieben um das, was hier geschieht, durchschaubar zu machen. Ich möchte, daß Ihr uns die Pläne bei unserm nächsten Meeting erklärt, damit wir alle informiert sind und da helfen können, wo wir gebraucht werden.

Ich bin sehr froh, daß die Gruppe meine Befürchtungen wegen der Ausgaben nicht ignoriert hat. Ich habe ein gutes Gefühl, wenn ich dieses Projekt unterstütze, weil Ihr so reagiert habt.

Eine Verpflichtung zur Macht des miteinander Teilens bedeutet:

Aktionen
Die Verantwortung für die Leitung und Aufgaben übernehmen, einschließlich der Dinge, die Dir Spaß machen und mit denen Du Dich auskennst, wie auch solcher Dinge, die Du lieber

Worte
Ich möchte verantwortlich dafür sein, daß nach dem Konzert aufgeräumt wird. Ich hätte gerne, daß vier Personen, die das noch nicht gemacht haben, mir dabei helfen, weil es wichtig ist, das zu lernen, was für das Theater unbedingt

nicht tun würdest, die aber getan werden müssen.

notwendig ist – wir dürfen es mit dem Theater nicht verderben.

Andere dazu ermutigen, ihre Fertigkeiten und Aufgaben weiterzugeben, indem sie die Aufgaben von andern übernehmen.

Randy, Du hast die Verantwortung für das Inventar jetzt schon zwei Jahre. Ich bin bereit zu lernen, wie das gemacht wird und kann dann die Verantwortung in diesem Bereich im nächsten Jahr übernehmen.

Eine Verpflichtung zur Macht der Integration bedeutet:

Aktionen
Konzentriert und bewußt jedes Problem und jeden Gedanken, den andere in die Gruppe einbringen, anhören und dann gezielt Schritte unternehmen, um zu verstehen und gemäß dem Standpunkt der andern handeln.

Worte
Suzette, wie ich aus dem, was Du sagst, entnehme, glaubst Du nicht mehr daran, daß die Gruppe fähig ist, dieses Projekt zu beenden, weil wir so weit auseinander wohnen. Ist das eine genaue Zusammenfassung Deiner Befürchtungen?

Dafür sorgen, daß ein Anreiz besteht, alles auf einen Nenner zu bringen, statt die Meinungen zu polarisieren in gegensätzliche Standpunkte.

Da keiner zu irgendeinem Zeitpunkt kommen kann, den wir für unsere regelmäßigen Zusammenkünfte vorgeschlagen haben, wie wäre es dann, wenn wir uns abwechseln zwischen Morgen- und Abendmeetings?

Eine Verpflichtung zur Macht der liebevollen Hinwendung bedeutet:

Aktionen	*Worte*
Mit andern auf eine Weise umgehen, die Liebe und Respekt vermittelt.	*Pauli, ich bewundere Dich sehr für die Kraft, die Du angesichts dieser Schwierigkeit bewiesen hast.*
Anerkennen, daß die Erfahrung jedes einzelnen Individuums es auf einzigartige Weise dafür qualifiziert, sich genau da zu befinden, wo es im gegenwärtigen Augenblick ist.	*June, ich war noch nie solcher Diskriminierung ausgesetzt wie Du. Es muß Deine Beharrlichkeit und Geduld sehr strapaziert haben, als Du versucht hast, uns zu helfen, damit wir verstehen. Aber Du mußt wissen, daß ich gerade dann, wenn ich resistent zu sein scheine, ich mein Bestes tue, um zu wissen und zu verstehen.*
Das Wissen, daß jede Person dieser Gruppe Macht hat, die sie einsetzen kann und Macht hat, zu entscheiden, wie sie sie anwenden will, bestätigen und sich darüber freuen.	*Chris, ich bin traurig, daß Du die Gruppe verläßt, aber zur gleichen Zeit bin ich glücklich, daß Du alles so klar durchdacht hast, als Du eine so schwierige Entscheidung treffen mußtest.*

Eine Verpflichtung zur Macht der Verteilung bedeutet:

Aktionen	*Worte*
Schritte unternehmen, um die Unausgewogenheiten bei den finanziellen Mitteln, die den Mitgliedern zur Verfügung stehen, auszugleichen.	*Jan, Leslie und ich sind bereit und in der Lage, mit unseren Wagen zu fahren und die Kosten zu tragen, damit alle zwölf von uns ins Landhaus fahren können.*
Die Ersparnisse, auf die	*Linda ist bereit, uns ohne Bezah-*

die Gruppe zurückgreifen kann, als ein Mittel einzusetzen, nicht aber als Lösung für alle Probleme.

lung aus dem Steuerschlamassel zu helfen. Aber statt unsere Steuererklärung für uns auszufüllen, wäre es nett, wenn sie wenigstens vier von uns zeigen würde, wie es gemacht wird.

Danach streben, alle finanziellen Mittel, die der Gruppe zur Verfügung stehen, allen zu gleichen Teilen im Interesse der Entwicklung der Gruppe und jedes einzelnen Individuums zukommen lassen.

Wir haben $ 200 in Subventionsgeldern für die Reisekosten, um die Interviews zu machen. Wie können wir das Geld aufteilen, damit es jedem zu Gute kommt, der mitmachen will?

Eine Verpflichtung zur Macht der Intuition bedeutet:

Aktionen
Sich die Zeit nehmen, über die Fülle in einer Situation nachzudenken und zu fühlen und nachzuempfinden.

Worte
Ich habe mich während der letzten Stunde ruhig verhalten und darüber nachgedacht, und es erscheint mir immer vernünftiger, daß wir diese Angelegenheit durchziehen müssen. Über das „Wie" und das „Warum", bin ich mir noch nicht im klaren.

Sich auf ein scheinbar riskantes Unternehmen einlassen, wenn Ihre innere Stimme Ihnen sagt, Sie sollten es in Angriff nehmen.

Ich weiß, daß eine Reise in jenen Teil der Welt zu diesem Zeitpunkt gefährlich ist. Ich bin jedoch der Ansicht, daß wir uns an dieser Mission beteiligen sollten.

Auf die Intuition von anderen hören und ihren sechsten Sinn ernst nehmen.

Dallas, Du bist Dir wegen dieser Sache so sicher, obwohl es uns allen schleierhaft vorkommt. Ich

*glaube, wir sollten auf Deine
Intuition in dieser Angelegenheit
vertrauen und sie in Angriff nehmen.*

Eine Verpflichtung zur Macht der Bewußtheit bedeutet:

Aktionen
Über die Werte, auf denen Sie Ihre Aktionen aufbauen, sprechen, damit alle sich Ihrer Absichten vollkommen bewußt sind.

Mit anderen zusammen erforschen, wie bewußt sie sich der Gefühle, der Situationen, der Reaktionen und Bedeutungen ihrer Erfahrungen sind.

Worte
Ich teile Euch in allen Einzelheiten mit, wie dies funktioniert, sodaß alle je nach ihrer Bereitwilligkeit und ihren Fähigkeiten dabei mitmachen können.

Ich beginne, ein Muster darin zu sehen, wie wir auf Leute reagieren, die die Einrichtungen vertreten, die die Finanzmittel beschaffen. Ich würde dieses Thema gerne auf die Tagesordnung für unser nächstes Meeting setzen und ein paar Gedanken und Fragen für die Diskussion vorbereiten.

Eine Verpflichtung zur Macht der Vielfalt bedeutet:

Aktionen
Aufhören, um sorgfältig einen anderen Standpunkt zu durchleuchten, wenn Sie sofort mit Ablehnung reagieren möchten.

Absichtlich etwas unternehmen, um den Zugang für andere, die anders oder neu sind,

Worte
Wartet einen Augenblick! Ich weiß, ich habe eben gesagt, daß ich nicht der gleichen Meinung bin, aber vielleicht habe ich etwas übersehen. Ann, laß uns mehr über Deine Ansichten hören.

Bevor wir zur nächsten Frage übergehen, möchte ich noch einmal zurückgehen, weil ich glaube, daß neue Leute vielleicht durch das, was sich zu Ihnen und der Gruppe zu ermöglichen.

gerade zugetragen hat, verwirrt sind. Wäre es hilfreich, wenn wir das, was wir gerade gemacht haben, genauer erklären würden?

Eine Verpflichtung zur Macht der Verantwortung bedeutet:

Aktionen
Jeden in der Gruppe über alles, was sich in Ihrem Privatleben zuträgt und die Gruppe als ganze vielleicht in Mitleidenschaft zieht, eingehend zu informieren.

Worte
Wie viele von Euch wissen, stehe ich zur Zeit vor einer schwierigen Entscheidung in Hinblick auf meine Zukunft. Ich weiß, daß mich das manchmal ablenkt. Ich würde es begrüßen, wenn mich jemand an die Gruppe erinnert, sobald ich den Eindruck erwecke, daß ich nicht bei der Sache bin.

So handeln, das sichergestellt ist, daß nichts rätselhaft erscheint und daß alles, was die Gruppe betrifft, jedem Mitglied gleichermaßen zugänglich ist.

Das Theater hat strenge Maßnahmen die Sicherheitsvorkehrungen betreffend. Ich habe ein Diagramm vorbereitet, das jedem die Vorkehrungen deutlich macht und auch die Maßnahmen, die zu ihrer Einhaltung notwendig sind.

Sich persönlich zu Wort melden und die Sitzung beenden in einer Stimmung, die zum Wachstum und der Entwicklung der Gruppe beiträgt.

Wortmeldung: Ich bin Peggy. Ich komme gerade von einer schwierigen Sitzung in der Arbeit, aber ich bin bereit für unsere Diskussion, auf die ich mich freue. Ich möchte gerne sicher sein, daß wir über die Gestaltung des Posters sprechen, wie auf der Tagesordnung vorgesehen.

Beenden: Ich bin dankbar für Monikas Erklärung zu den Erfordernissen im Theater – jetzt kann ich endlich verstehen, weshalb das alles gemacht werden muß. Um beim Thema zu bleiben, bei den Finanzen blicke ich immer noch nicht durch. Ich wäre froh, wenn Ann und die Finanzgruppe uns nächste Woche mehr Information geben würde, um diesen Prozeß durchschaubarer zu machen. Die Affirmation für heute Abend ist für mich: ich glaube an mich und unsere Gruppe.

4

Die Prinzipien der Einheit: Grundlagen für das Entstehen von Gemeinschaften

Stellt Euch vor, wie das Gefühl wäre, sich zu Hause zu fühlen – in einer breit gefächerten Gemeinschaft, denn es ist die Vielfalt in der Natur, die dem Netz des Lebens die Stärke und den Zusammenhalt verleiht. Stellt Euch eine Zeit vor, in der jeder die Vielfalt der Menschen begrüßt, weil er weiß, daß das der Gemeinschaft die Fruchtbarkeit, die Stärke und den Zusammenhalt gibt. Stellt Euch vor, Ihr könnt Euch in unserer Verbundenheit sicher fühlen, in einem Netz der Beziehungen, die sich gegenseitig stützen und wiederum untereinander mit der Natur stützen... Stellt Euch eine Welt vor, in der man sich gemeinsam unterstützt, um die individuellen Begrenzungen zu überwinden, wo Fehler nicht versteckt, sondern willkommen geheißen werden als Gelegenheiten zum Lernen, wo es keinen Grund gäbe,

Informationen zurückzuhalten, wo die Ehrlichkeit ein Geschenk wäre. Stellt Euch eine Welt vor, in der das, was am meisten geschätzt wird, nicht die Macht ist, sondern Hegen und Pflegen, in der es nicht mehr das Ziel ist zu herrschen, sondern etwas zu umsorgen und umsorgt zu werden, in der es alltäglich ist, Liebe auszudrücken.
Gerade die Tatsache, daß Ihr Euch alle diese Dinge vorstellen könnt, macht sie zur Wirklichkeit, macht sie möglich.

Margo Adair[1]

Gemeinschaftsnetzwerke werden nach den Werten, den Belangen oder Zielen beurteilt, die den Individuen, die zu ihnen gehören, gemeinsam sind. Der Ausdruck „globale Gemeinschaft" umfaßt all diejenigen, die auf dem Planeten Erde leben, aber der Ausdruck impliziert eine allgemeine Besorgnis für die interaktive globale Umwelt, die Weltwirtschaft und die Weltpolitik. Wenn eine Anzahl von Menschen innerhalb einer Gemeinschaft auf einer persönlicheren Ebene interagiert, treten die Werte, die Probleme und Ziele, die sie zusammengebracht haben, deutlicher in den Vordergrund und lassen sie auch als eine Herausforderung erscheinen. Individuen beginnen aus erster Hand zu erfahren, was es bedeutet, ihre persönlichen Vorlieben und Wünsche mit den Vorlieben und Wünschen anderer in der Gruppe in Einklang zu bringen. Gruppen, die Zusammenhalt schaffen – und das kann deutlich machen, was sie als Gruppe zusammenbringt – *sind* eine Gemeinschaft. Das bedeutet, daß sie, unabhängig von ihrer Anzahl, gewisse Werte, Probleme oder Ziele gemeinsam haben.
Gemeinschaften für die Zukunft aufbauen verlangt einen Wandel, der sowohl Zusammenhalt wie Vielfalt schätzt. Um diesen Wandel zu erlernen, beginnt man damit, daß man Methoden

übt, die die Werte von Einheit und Vielfalt sichtbar machen, wenn sie in die Tat umgesetzt werden. Wenn Ihre Gruppe beginnt, sich zu den Methoden von *Peace* und *Power* zu bekennen, schaffen Sie einen Rahmen, in dem Menschen sich gegenseitig aktiv helfen, wobei sie lernen, sichtbar zu machen, wie die Werte von Einheit und Vielfalt funktionieren. Je deutlicher Ihre Aktionen sich nach außen hin erkennen lassen, umso mehr werden Sie Ihre größere Gemeinschaft transformieren.
Die Prinzipien der Einheit machen Ihre eigenen Werte und die der Gruppe deutlich und tragen dazu bei, die Aktionen zu leiten, die aus diesen Werten entstehen.

Die Prinzipien der Einheit sind das Verbindungsglied zwischen dem, was die Leute zusammenbringt und dem, was jedes Individuum in der Gruppe auszeichnet. Die Prinzipien der Einheit liefern ein Grundwissen, aus dem heraus die Gruppe ihre Energien bündeln kann, die Ideale, auf denen die Gruppe aufbaut, eine Richtlinie, in deren Umfeld sich alle individuellen Perspektiven, wenn Entscheidungen gefällt werden, integrieren können, eine Grundlage zur gegenseitigen, das Wachstum fördernden Kritik, und ein Fundament für die Transformation der Vielfalt in Gruppenstärke.
Prinzipien der Einheit sind Aussagen für den Glauben, den die Gruppe gemeinsam teilt, und Vereinbarungen, die am Anfang durch die Erfahrungen der Gruppe getroffen wurden. Obgleich die schriftliche Fixierung wichtig ist, sind sie lebendig – sie verändern sich und wachsen im gleichen Maße, wie die Gruppe sich verändert und wächst.
Die Prinzipien der Einheit sind die Grundlage für jeden Abschnitt des weiterschreitenden Prozesses der Gruppe. Sie bieten für Individuen, die sich mit dem Gedanken tragen, Teil der Gruppe zu werden, auch eine Einführung und eine Orientierungshilfe. Neue Mitglieder können wertvolle Perspektiven bei-

steuern, die dazu führen können, daß die Prinzipien sich wandeln und verändern, aber die Prinzipien sind auch die Grundlage für die Stabilität innerhalb der Gruppe, wenn sich die Mitgliedschaft ändert.

Die schriftliche Aufzeichnung der Prinzipien liegt der Gruppe vor; jedes Mitglied hat eine Kopie und arbeitet ständig daran. Dieses Dokument ist besonders wichtig als Quelle, um konstruktive Kritik zu üben (siehe Kapitel 8), wenn die Gruppe sich mit einem Konflikt beschäftigt (siehe Kapitel 9). Wenn die Kopie jedes Mitglieds fast unleserlich geworden ist durch die mit Bleistift eingetragenen Änderungen, die sich im Lauf der Zeit ergeben haben, wird es Zeit, daß man eine neue Kopie anfertigt!

Prinzipien der Einheit aufbauen

Die Prozesse von *Peace und Power* gründen sich auf das Gleichgewicht zwischen der Einheit innerhalb der Gruppe und der Vielfalt unter den Individuen. Individuen kommen in eine Gruppe und weisen Unterschiede im Stil, in der Persönlichkeit, im Glauben und in ihrer Herkunft auf und haben gemeinsame Ansichten über die Gruppe. In einer Gruppe, die sich den Prozessen von *Peace und Power* verschrieben hat, stärken letztendlich die Unterschiede die Integrität der Gruppe, weil die Gruppe Unterschiede in aller Offenheit schätzt und anerkennt und danach strebt, gegenseitiges Verständnis für diese Unterschiede zu finden.

Prinzipien der Einheit aufzubauen beginnt damit, daß jede die Ansichten über die Gruppe teilt, was sie daran interessiert, Teil der Gruppe zu sein und was sie von der Gruppe erwartet. Jede Perspektive wird so ausführlich wie möglich dargelegt. Dann beginnt die Gruppe die Ansichten, über die die Gruppenmitglieder sich vollkommen einig sind, zu identifizieren und auch solche Ansichten, die die Vielfalt darstellen und aus denen sie ein gemeinsames Verständnis schaffen können. Ideal wäre es, wenn die Gruppe die Prinzipien der Einheit während der ersten paar Sitzungen formulieren würde. Für eine Gruppe, die schon besteht und sich entschließt, mit den Prozessen von *Peace und Power* anzufangen, ist die Entscheidung, diesen Weg für die Zusammenarbeit zu wählen, der erste Schritt zur Formulierung der Prinzipien der Einheit und diese Entscheidung wird zu einem der Prinzipien.

Die Zeit, die man für die Formulierung der neuen Prinzipien der Einheit aufbringt, oder dafür, die existierenden Prinzipien der Einheit zu überprüfen, ist die lohnendste Zeit, die man mit der Gruppenarbeit verbringt. Für gewöhnlich benötigt eine zielstrebige Gruppe, die sich regelmäßig ein Jahr lang oder auch länger trifft, zwei oder drei Zusammenkünfte, um einen Satz von Einheitsprinzipien für den Anfang zu formulieren; danach braucht sie regelmäßige Zeiten, die sie einplant, um jene Prinzipien immer wieder neu auszuwerten.

Es gibt wenigstens sieben Komponente, die eine Gruppe beachten muß, wenn sie die Prinzipien der Einheit formuliert.[2] Jede Komponente wird zu einem Abschnitt der schriftlichen Aufzeichnung, aber die einzelnen Prinzipien variieren gemäß den Bedürfnissen und Absichten der Gruppe.

Wer sind wir?

Der Name der Gruppe verrät viel über die Gruppe. Sie müssen vielleicht einige Wörter in Ihrem Namen definieren, damit Sie sich Ihrer Identität vollkommen bewußt sind. So könnte man zum Beispiel das Wort „radikal" im Namen einer Gruppe als „fundamental, zu den Wurzeln gehend" definieren. Diese

Definition macht deutlich, wer Sie sind und was Sie sein wollen.

Die Gruppe könnte ebenfalls eine deutliche Vereinbarung darüber treffen, wer die Mitglieder in der Gruppe sind oder wer sie in der Zukunft sein werden. Zum Beispiel, eine Gruppe, die gebildet wird, um ein Frauenzentrum in der Gemeinde zu gründen oder zu unterhalten, könnte bewußt Teilnehmer auf einer breiten Basis unter Frauen aus der Gemeinde suchen, was Frauen jeder Farbe, jeder sexuellen Orientierung und Frauen aus verschiedenen sozialen Schichten einschließen könnte... Eine Gruppe, die über die Rechte von lesbischen Müttern arbeitet, könnte aktiv die Teilnahme von nicht-lesbischen Müttern suchen und ebenfalls Lesbierinnen, die keine Mütter sind.

Eine wichtige Dimension, die zu klären wäre, wenn eine Mitgliedschaft definiert wird, wäre festzustellen, wie die Gruppe dazu steht, neue Mitglieder zu integrieren und wann und wie das geschehen soll. Eine Gruppe, die gebildet wurde, um eine besondere, detaillierte Aufgabe zu erledigen, die sich als Langzeitprojekt erweist, kann möglicherweise zu Anfang ihre Mitgliederzahl auf wenige Teilnehmer beschränken, die willens und dazu in der Lage sind, sich weiterhin für die Bewältigung der Aufgabe zu engagieren. Während viele Gruppen sich neuen Mitgliedern nicht verschließen werden, könnte es jedoch Zeiten geben – wenn die Mitgliederzahl einer Gruppe Beständigkeit aufweisen soll – daß die Gruppe nur ein- oder zweimal im Jahr neue Mitglieder aufnehmen wird. Wenn eine besondere Vereinbarung darüber getroffen wird, wie lange eine Mitgliedschaft in der Gruppe beständig sein soll, werden Mißverständnisse in der Gruppe vermieden und die Kommunikation mit denjenigen, die keine Mitglieder sind, gefördert.

Was sind unsere Ziele?

Die Definition, wer die Gruppe ist, ist ein Anfang, um die Absichten oder Ziele der Gruppe zu identifizieren. Eine zentrale Frauengruppe könnte das dringende Ziel haben, einen Raum zu finden, aber dann muß die Gruppe bestimmen, für welche Zwecke der Raum eingesetzt werden soll und welche Funktion er erfüllen wird. Ein Ziel ist es, eine Unterkunft für mißhandelte Frauen zu finden. Hier müssen zusätzliche Dinge in Verbindung mit diesem Ziel festgelegt werden, wie zum Beispiel, ob Beratung, finanzielle Hilfe, rechtliche oder pädagogische Maßnahmen zusätzlich angeboten werden oder nicht.

Setzen Sie die Ziele Ihrer Gruppe im Lichte dessen fest, was realistisch ist. Die Mitglieder einer Gruppe, die mißhandelte Frauen unterstützt, möchte vielleicht den Frauen und ihren Kindern die ganze Palette von Dienstleistungen anbieten. Die Mittel, die der Gruppe jedoch zur Verfügung stehen, beschränken das Ziel vielleicht am Anfang auf die Beschaffung von Geldern und auf pädagogische Leistungen. Wenn sich die Gruppe schon am Anfang über die Beschränkung ihres Ziels im klaren ist, so ist das sehr hilfreich und sie kann die Mittel und ihre Energie auf produktive Weise einsetzen, statt sich gegenseitig in die Quere zu kommen.
In jedem der folgenden Abschnitte sind die Beispiele für die Prinzipien der Einheit von dem Friendship Collective (Freundschafts-Kollektiv) aufgeführt, das sich das Ziel gesetzt hatte, die Erfahrungen mit weiblichen Freundschaften unter Pflegekräften zu studieren.[3]

Welche Überzeugungen und Werte teilen wir in Hinblick auf unser Ziel?

Auf welches Zielvorhaben die Gruppe sich auch immer einigt, sie wird sich der Erforschung verschiedener Werte und Überzeugungen, die mit diesem Zielvorhaben zu tun haben, widmen müssen. Bestimmte Werte sind von grundlegender Bedeutung für die *Peace-und-Power*-Prozesse; diese Werte zu bekunden ist äußerst wichtig, denn das wird jedem Mitglied in der Gruppe dazu verhelfen, daß sein Verständnis für die Bedeutung dieser Werte wächst. Wenn die Überzeugungen und Werte vorgetragen werden, ergibt sich die Möglichkeit, festzustellen, welche Veränderungen die Werte bei Aktionen und Gruppen-Interaktionen hervorrufen.
Die Überzeugungen und Werte, die die Prinzipien der Einheit für das Friendship Collectiv bildeten, waren:

- Wir glauben, daß Freundschaften unter Frauen von grundlegender Bedeutung sind für das Überleben und das Wachstum von Frauen.
- Wir schätzen alle Formen der Freundschaft unter Frauen.
- Wir schätzen unsere eigenen freundschaftlichen Beziehungen untereinander und wir setzen uns dafür ein, daß wir unsere Freundschaft in wohlüberlegter Bewußtheit leben, wobei wir unsere Erfahrungen immer neu überprüfen und schaffen.

Welche individuellen Umstände und persönlichen Werte müssen wir beachten, während wir zusammen arbeiten?

Beachten Sie die persönlichen Werte aller Individuen, die zu der Gruppe gehören. Andere Umstände schaffen andere Erwartungen und andere Verpflichtungen. Unterschiedliche persönliche Umstände und Erfahrungen üben ebenfalls einen Einfluß auf das aus, was Individuen von einer Gruppe brauchen, damit sie sich sicher fühlen, um zu sprechen, zu handeln und zu sein. Frauen, die alleinerziehend sind oder für ältere Menschen sorgen, müssen vielleicht ihre Zeit und andere persönliche Mittel sorgfältig einteilen. Bei Frauen, die beschimpft worden sind, sollte die Gruppe vielleicht übereinkommen, daß Mitglieder darauf achten, daß sie nicht zu laut sprechen oder daß sie versuchen sollten, sich nicht sarkastisch oder in drohendem Tonfall zu äußern. Eine Person im Rollstuhl braucht nicht nur den Platz, der ihr zur Verfügung steht, sondern die Gruppe sollte sich auch der besonderen Ängste und Herausforderungen bewußt sein, denen jemand im Rollstuhl ausgesetzt ist. Eine Person, die unter Komplexen leidet, weil sie Übergewicht hat, benötigt vielleicht keine besonderen physischen Vorkehrungen, aber die Gruppe sollte sich der Diskriminierung, der sie ausgesetzt ist, bewußt sein und wissen, wie diese Erfahrungen überwunden werden können. Jeder Mensch, der zu einer „Minorität" in der Gruppe gehört, sei es nun die Rasse, das Alter, ob männlich oder weiblich, ethnische Zugehörigkeit, sexuelle Ausrichtung, soziale Schicht, Bildung oder irgend etwas anderes, hat das Recht auf Anerkennung und darauf, daß dieses „Anderssein" respektiert wird. Wenn die Gruppe einmal die Palette der persönlichen Lebensumstände jeder Person, die zur Gruppenarbeit gehört, ohne Vorurteile unter die Lupe genommen hat, dann kann die Gruppe sich auf die gemeinsamen Erwartungen einigen, die jeder schätzt.

Die Beispiele für die Prinzipien der Einheit, die das Friendship Collective aufstellte und die sich aus den persönlichen Umständen und den individuellen Werten ergaben, sind folgende:

- Wir werden als Einzelne oder im Kollektiv nichts unternehmen, das irgendein Individuum in der Gruppe oder andere

Frauen ausbeutet, was ganz besonders die Ausbeutung betrifft, die mit unserem Beruf als Lehrer oder Studenten zusammenhängt.
- Wir werden alle finanziellen Ausgaben, die wir von irgendjemandem im Zusammenhang mit unserer Arbeit benötigen, auf ein Minimum beschränken und werden offen über diese Ausgaben verhandeln, wenn sie entstehen.
- Wir werden darauf achten, daß wir uns gegenseitig dabei helfen, ein Gleichgewicht zwischen unserer Gruppenarbeit und den Anforderungen in unserem Privatleben herzustellen.
- Wir werden die Zeit für unsere Zusammenkünfte, die jedes Mitglied der Gruppe mitbestimmt, sorgfältig begrenzen.

Was erwarten wir von jedem Mitglied?

Die Erwartungen hinsichtlich der Zeit, der Energie und des Engagements können unterschiedliche Formen annehmen. So könnte zum Beispiel von den Teilnehmern der Gruppe erwartet werden, daß sie bei den monatlichen Zusammenkünften anwesend sind. Daß sie zur Arbeit einer Gruppe, die sich besonderen Aufgaben verschrieben hat, und sich jede Woche ungefähr drei Stunden trifft, ihren Beitrag leisten. Bei einer anderen Gruppe ist es vielleicht erforderlich, daß sie an dem Meeting teilnehmen, das einmal im Jahr stattfindet und sich sonst während des Jahres mit einem Projekt ihrer Wahl befassen. Große Gruppen, die nicht zusammenkommen, aber durch ein Netz verbunden sind, zahlen der Organisation nur einen finanziellen Beitrag, wobei die Arbeit, die einen besonderen Aufgabenbereich betrifft, von kleineren Gruppen erledigt wird, wenn sie sich freiwillig melden, um Verantwortung zu übernehmen.
Die Art und Weise, in der erwartungsgemäß jedes Mitglied sich in der Guppe verhalten sollte, müßte allen bewußt gemacht

werden. So sind einige vielleicht Gruppen beigetreten, deren stillschweigendes Ideal darin besteht, daß jede „offen und ehrlich" ist. In Wirklichkeit haben die meisten Gruppen geheime Tagesordnungen und rätselhafte Verfahrensweisen. Die deutliche Formulierung dessen, was erwartet wird, ist ein Schritt zur Förderung von Offenheit und Ehrlichkeit.

Beispiele für die Prinzipien der Einheit, die sich ergaben aus dem, was das Friendship Collective sich für Interaktionen erwartete, waren die folgenden:

- Wir werden uns einmal die Woche treffen, bis wir das erste Stadium des Projektes geplant haben und dann werden wir in regelmäßigen Abständen, die Häufigkeit unserer Zusammenkünfte erneut festsetzen.
- Wir werden uns die Zeit nehmen, uns zu entspannen und Spiele zu veranstalten.
- Wir verpflichten uns, *Peace und Power* anzuwenden, einschließlich der Entscheidungsfindung durch Konsens und konstruktive, das innere Wachstum fördernde Kriktik untereinander ausüben zu lernen.
- Wir werden Konflikte, Gefühle, und Probleme unter uns offen zur Sprache bringen, sobald sie uns bewußt werden, wobei wir uns einig sind, daß frühes Bewußtwerden vielleicht nicht so gut ist, daß aber trotzdem zum Ausdruck gebracht werden sollte, was uns bewegt.
- Wir werden untereinander Fertigkeiten, Leitung und Verantwortung je nach Fähigkeit und Bereitschaft gemeinsam teilen und werden daran arbeiten, diese Anlagen bei jedem von uns zu fördern, damit wir sie alle, so gut es geht, gleichermaßen beherrschen.
- Wir freuen uns über jede einzelne Person und unterstützen ihre Bereitwilligkeit, besondere Aufgaben zu übernehmen, die erledigt werden müssen und die sich ergeben aus unseren gemeinsamen Direktiven. Wir erwarten, daß jede von

uns alle andern Teilnehmer der Gruppe ständig informiert über den Fortschritt ihrer Arbeit, die im Zusammenhang mit den Unternehmungen der Gruppe stehen.

Welche Botschaft möchten wir der Gemeinschaft außerhalb unserer Gruppe vermitteln?

Jede Gruppe vermittelt der größeren Gemeinschaft eine Botschaft und teilt ihnen mit, wer sie sind und was ihr Anliegen ist. Manchmal ist das, was sie den anderen über ihre Absichten sagen, korrekt, manchmal jedoch nicht. Eine Gruppe, die die Methoden von *Peace und Power* befolgt, formuliert die Botschaft sorgfältig und in wohlüberlegter Absicht und überprüft fortwährend, auf welche Weise diese Botschaft von ihnen übermittelt wird. Die Botschaft, die die Gruppe zu vermitteln sucht, stimmt immer mit dem überein, was die Gruppe glaubt und schätzt, aber es gibt immer noch Möglichkeiten, die offenstehen, was die Botschaft anbelangt.

Wenn es zum Beispiel eine Gruppe gibt, die Dienstleistungen für mißhandelte Frauen einrichten möchte, kann sie sich dazu entschließen, eine Botschaft zu vermitteln, die betont, daß Frauen physisch stark sind, Macht haben und daß sie einfallsreich sind. Eine andere Variante könnte darauf hinweisen, daß Frauen anderen Frauen helfen, daß sie Unterstützung und Hilfe auf vielfache Weise bieten. Diese beiden Botschaften stehen im Mittelpunkt der Überlegungen, die klären sollen, auf welche Weise, die Mitglieder außerhalb der Gruppe zu interagieren haben. Diese Botschaften entwickeln sich aus der Einstellung, die die Gruppe zu Frauen im allgemeinen hat und auch aus den Einstellungen zu Frauen, die mißhandelt werden.

Beispiele für die Prinzipien der Einheit, die das Friendship Collective in Hinblick auf unsere Botschaft formulierte, waren folgende:

- Wir werden uns bemühen, eine Botschaft zu formulieren, die übereinstimmt mit dem, was wir von Freundschaften unter Frauen und von feministischen Gewohnheiten halten.
- Alle öffentlichen Auftritte werden unsere kooperative Arbeitsweise demonstrieren wie auch die, unser Engagement, unsere Leitung, unsere Verantwortung und unsere Fertigkeiten miteinander zu teilen.
- Wir werden sorgfältig und konstruktiv an jedem öffentlichen Auftritt und an jedem schriftlichen Dokument Kritik üben, um die Botschaft, die wir unserer Ansicht nach tatsächlich übermittelt haben, zu überprüfen und um unsere eigenen Verpflichtungen und die Art und Weise, wie wir uns darstellen, wenn nötig, erneut zu formulieren, damit wir die Botschaft, die wir beabsichtigen, noch genauer vermitteln.

Wie werden wir die Integrität unserer Gruppe schützen?

Die Zeit und die Aufmerksamkeit von Gruppen wird oft von außerhalb der Gruppe beansprucht, ganz besonders wenn sie einen Arbeitsbereich hat, der den gesellschaftlichen Wandel zum Ziel hat. Diese Ansprüche können die Gruppe oft in nicht vertretbarem Maße belasten und stimmen nicht immer mit der Richtung überein, die die Gruppe einschlagen möchte. Wahrnehmung und Voraussicht dieser Möglichkeiten helfen einer Gruppe Übereinstimmungen zu erzielen, die als Richtlinien dienen können für die Reaktion der Gruppe auf Nachfragen von außen. So hat zum Beispiel eine Guppe Erfolg gehabt mit ihren Bemühungen beim Sammeln von Geldern und könnte gebeten werden, ihre Erfahrung und ihr Wissen mit anderen Gruppen in der Gemeinde zu teilen. Geschieht dies nur einmal, so wäre das keine Last, aber wenn das oft geschehen würde, würde die Energie der Gruppe geschwächt durch die ständige Reaktion auf diese Anfragen.

Beispiele für die Prinzipien der Einheit, die vom Friendship Collective formuliert wurden, um die Integrität der Gruppe zu schützen, waren die folgenden:

Alle Anfragen, die an unsere Gruppe gerichtet werden, werden in einem Meeting besprochen, wenn wir alle anwesend sind und Entscheidungen, die im Hinblick auf diese Nachfragen von außen gefällt werden, werden durch den Konsens der Gruppe erreicht.

Die Entscheidungen über Anfragen von außen werden bestimmt durch unser ureigenstes Anliegen für den Schutz jeder Einzelnen von uns und durch unsere Hauptverpflichtung, die wir der Arbeit unserer Gruppe schulden und durch unsere Bereitschaft der Anfrage nachzukommen.

Wir werden uns an unsere Verpflichtung zur feministischen Praxis und zu feministischen Methoden in unserer Arbeit gebunden fühlen und werden sorgfältig alle Situationen erforschen, die dazu führen könnten, daß unsere Verpflichtung beeinträchtigt wird.

Wir werden uns um finanzielle Unterstützung von außen für unsere Arbeit bemühen, aber die Verpflichtungen, die uns daraus entstehen, daß wir diese Gelder annehmen, werden wir sorgfältig überprüfen, damit diese Verpflichtungen, gleich welcher Art, die Prinzipien unserer Gruppe nicht gefährden.

5

Der Prozeß in Aktion: sich treffen

Die Prozesse von *Peace und Power* sind Alternativen zu den traditionellen Machtstrukturen, die bei den Meetings anderer Gruppen vorherrschend sind. Wenn man das Meeting oder die Zusammenkunft einer Gruppe leitet, hilft es jedem Einzelnen in der Gruppe, sich klar zu werden über das, was die Ideale von *Peace und Power* bedeuten, wenn die Gruppe schrittweise mit den *Peace-und-Power*-Prozessen vertraut gemacht wird. Man *sieht* und *erlebt* die Werte in Aktion. Wenn Sie sich nicht vollkommen sicher sind, ob Ihre Werte und Handlungen in Harmonie sind, können Sie eine Pause einlegen und sich ein paar Minuten Zeit nehmen, um darüber zu diskutieren, weshalb Sie etwas tun. Dieses Kapitel bietet einen Überblick darüber, wie und warum eine Versammlung geleitet werden kann unter Anwendung von *Peace-und-Power*-Prozessen.

Die Gruppe sitzt im Kreis, damit jeder Teilnehmer Augenkontakt mit den andern hat.[1] Für gewöhnlich kommt eine Person, die die Zusammenkunft einberuft, mit einer Tagesordnung, die der

Zusammenkunft Struktur verleiht. Diese Verantwortung wird unter den Gruppenteilnehmern regelmäßig im Turnus wahrgenommen, so wie bei jedem Meeting oder jeden Monat. Der Prozeß für jede Zusammenkunft hat mehrere, klar erkennbare Komponente, die jedes Individuum ermutigen, die Werte von *Peace und Power* in die Tat umzusetzen.

Die Gastgeberin (Person, die das Meeting einberuft) eröffnet das Meeting, indem sie mit dem Check-In (eigentlich Anmeldung, der Einfachheit halber hier Check-In genannt, Anm. der Übersetzerin) beginnt, der Zeitpunkt, an dem jede Teilnehmerin wirklich anwesend ist – verstandesmäßig, körperlich und geistig.[2] Check-In ist die Zeit, da jedes Individuum seine ganze Aufmerksamkeit auf die Zwecke dieses Meetings richtet, damit man mit der Gruppe gemeinsam jeden Umstand beachtet, der die Teilnahme am Prozeß behindern könnte und der Gruppe das, was man an Erwartungen und Hoffnungen für dieses Meeting hegt, zugute kommen läßt.

Nach dem Check-In macht die Gastgeberin auf die Tagesordnung aufmerksam und beginnt mit dem Vorgang, den Vorsitz im Turnus weiterzugeben (siehe Kapitel 6). Den Vorsitz im Turnus weiterzugeben ist eine Verantwortung, die sich alle gemeinsam teilen, um die Interaktionen der Gruppe zu erleichtern. Der „Vorsitz" bezieht sich auf diejenige, die spricht. Das Hauptziel der turnusmäßigen Weitergabe des Vorsitzes ist die Tatsache, daß dadurch jeder Standpunkt gehört wird und somit der einzigartige Beitrag jeder Person notwendig gemacht und von allen gewürdigt wird.

Gruppenentscheidungen kommen durch Konsens zustande (siehe Kapitel 7). Mit dem Konsens wird die Absicht verfolgt, daß ein Beschluß erreicht wird, der jeden Standpunkt in Betracht zieht und der mit den Prinzipien der Einheit der Gruppe vereinbar ist. Im Gegensatz zum Kompromiß, der ein Beschluß ist, der auf das gerichtet ist, was jedes Individuum aufgibt, ist der

Konsens ein Vorgang, der auf das gerichtet ist, was jedes Individuum und die Gruppe als Ganzes *gewinnt* durch die Beschaffenheit der Entscheidung, die getroffen wird.

Die abschließende Komponente ist das Schließen (Closing), das ein absichtlicher Vorgang ist, um ein Meeting oder eine Diskussion zu beenden und zur gleichen Zeit damit zu beginnen, zur nächsten Stufe des Gruppen-Prozesses überzugehen (siehe Kapitel 8). Während des Schließens *würdigt* jede Teilnehmerin das, was sich während des Meetings zugetragen hat, da die *kritische Betrachtung* zu innerem Wachstum und Wandel führt, und gibt einer *Affirmation* Ausdruck, welche ihr persönliches Engagement, sich in die Zukunft zu begeben, spiegelt.

Die Gastgeberin

Die einzige Person, die zu einer Zusammenkunft in einer besonders festgelegten Rolle erscheint, ist die Gastgeberin. Jede Zusammenkunft wird immer von einer andern Person einberufen, die sich freiwillig bereit erklärt hat, sodaß die Aufgabe im Turnus weitergegeben wird und jede Person Führungsqualitäten entwickelt.

Die Hauptaufgabe der Gastgeberin besteht darin, daß sie die Tagesordnung für die Zusammenkunft vorbereitet, daß sie mit dem Check-In beginnt und bei manchen Formen der Zusammenkunft eine SOPHIA vorstellt (wird später in diesem Kapitel beschrieben). Während der Versammlung übernimmt die Gastgeberin die Führungsrolle und macht es hiermit leicht, der Tagesordnung, zu der alle gemeinsam ihre Zustimmung gegeben haben, die volle Aufmerksamkeit zu schenken. Die Gastgeberin hört der Diskussion interessiert zu und bittet um wechselnde Beiträge, damit garantiert ist, daß das Ziel, das die Gruppe bei diesem Treffen verfolgt, immer präsent ist. Wenn zum Beispiel die Gastgeberin bemerkt, daß einige Teilnehmer keine Gelegenheit hatten, sich zu dem Thema zu äußern, kann sie um einen Rund-um-Prozeß bitten (siehe Kapitel 6), um jedem die Chance zu geben, sich zu äußern. Oder wenn sie der Ansicht ist, daß jeder Standpunkt gehört wurde, kann sie damit beginnen, den Prozeß zur Entscheidungsfindung durch Konsens einzuleiten (siehe Kapitel 7).

Die Tagesordnung kann auf eine Tafel mit Kreide geschrieben werden oder auf ein sehr großes Blatt Papier (Auslegepapier für Regale oder Einwickelpapier für den Gefrierschrank wird den Zweck erfüllen!) und sollte vor der Zeit, für die die Zusammenkunft anberaumt ist, angekündigt werden. Die Gastgeberin liest ebenfalls Ankündigungen und andere Angelegenheiten vor, die ohne Diskussion zur Erwähnung kommen sollen, und zwar sofort nach dem Check-In.

Andere Mitglieder der Gruppe können jederzeit führende Rollen übernehmen, aber die Gastgeberin achtet besonders aufmerksam auf Entwicklungen in der Gruppe. Das heißt jedoch nicht, daß die Gastgeberin sich verhält wie traditionsgemäß der „Vorsitzende der Langweiler" (scherzhaft für: Ausschuß = board), der zeitliche Beschränkungen ausruft, Leute daran erinnert, Vorsitz im Turnus zu verwenden oder Leute zum Sprechen auffordert. Wenn die Diskussion einmal begonnen hat, steht es der Gastgeberin frei, daran teilzunehmen, indem sie den Prozeß eines Vorsitzes im Turnus anwendet (siehe Kapitel 6) genauso wie jedes andere Mitglied der Gruppe. Den Mitgliedern der Gruppe steht es ebenfalls frei, die Leitung zu übernehmen.

Die einzigartige Verantwortung der Gastgeberin ist es, bewußt auszuwählen, um die Leitung zur Verfügung zu stellen und zum Meeting zu kommen mit der Bereitschaft, das auszuführen. Die Leitung, die sich auf Gruppenprozesse konzentriert, zur Verfügung zu stellen, bedeutet:

Die Gruppe wissen lassen, wann zeitliche Beschränkungen, denen vorher zugestimmt wurde, unmittelbar bevorstehen.

Sich an die Bitten zu erinnern, die Einzelne wegen Veränderungen in der Tagesordnung geäußert haben oder wegen bestimmter Aufgaben oder Prozesse, und auch in Hinblick auf Umstellungen und dann sicherstellen, daß all diese Punkte integriert werden.

Der Gruppe helfen, daß sie auf Alternativen während der ganzen Diskussion achtet, wie zum Beispiel auf die Standpunkte von Minderheiten, denen noch nicht genügend Aufmerksamkeit geschenkt wurde, auch die Leute anzuhören, die sich zu diesem Problem noch nicht zu Wort gemeldet haben, oder andere Möglichkeiten, die die Gruppe noch nicht bedacht hat.

Vorschläge bezüglich der Verfahrensweise der Gruppe machen, die die Gruppe voranbringen, wie zum Beispiel ein „Rund-Um" oder eine „Aufmunterung".

Ein Ohr offenhalten für Möglichkeiten, einen Konsens zu erreichen und die Leitung zur Verfügung stellen für die Gruppe, um das zu verwirklichen.

Den Fokus der Diskussion auf das Ende richten, damit die Gruppe die von ihr festgesetzte Zeit zur Verfügung hat für diesen Teil des Verfahrens.

Die folgenden Richtlinien sind für die Gastgeberinnen bestimmt und dienen ihnen als Anleitung, wenn sie die Zusammenkünfte planen und über sie nachdenken.

Sehen Sie sich noch einmal Ihre Notizen vom letzten Meeting durch:
- Müssen noch Punkte von anderen Zusammenkünften angesprochen werden oder gibt es Punkte, die auf Beschluß der Gruppe für das nächste Mal zur Diskussion anstehen?
- Wird noch zusätzliches Material benötigt, um die Diskussion über die Punkte, die vertagt wurden, zu verbessern?

- Hat sich etwas zugetragen, das die Entscheidungen, die während des letzten Meetings getroffen wurden, beeinträchtigen könnte?

Überprüfen Sie noch einmal den Gruppen-Prozeß:
- Welche individuellen Probleme oder Notwendigkeiten sind angesprochen worden, die bei der Planung für dieses Meeting berücksichtigt werden müssen?
- Auf welche Fragen, die die Gruppe betreffen, haben Mitglieder hingewiesen, die bei der Planung für dieses Meeting berücksichtigt werden müssen?
- Wie sind die Kräfteverhältnisse in der Gruppe, die während dieses Meetings unterstützt und aufrechterhalten werden müssen?

Die Tagesordnung planen:
- Welche gemeinsamen Ankündigungen sind nötig?
- Gibt es bestimmte Zeiten oder individuelle Bedürfnisse, die berücksichtigt werden müssen?
- Welche neuen Sachgebiete müssen eingeplant werden?
- Welche besonderen Aufgaben oder Pflichten müssen noch vor dem Meeting erledigt werden?

SOPHIA

In Gruppen, wo die Diskussion im Mittelpunkt steht, kann eine SOPHIA vor dem Meeting von der Gastgeberin vorbereitet werden. Nach dem Check-In und nachdem die Gruppe sich mit der veränderten Tagesordnung des Meetings einverstanden erklärt hat, kann sie dann vorgestellt werden. Eine SOPHIA ist ein fünf bis zehn Minuten langer mündlicher Essay, der der inneren Weisheit der Sprecherin entstammt. *Sophia* ist das griechische

Wort für die weibliche Weisheit; sie war die Weisheit der antiken Religionen der westlichen Welt. Im Zusammenhang mit einer Diskussionsgruppe bedeutet eine SOPHIA:

Speak	Sprich frei heraus,
Out,	wirble viel Staub auf,
Play	stell Dir Alternativen vor.
Havoc,	
Imagine	
Alternatives	

Mit einer Sophia wird beabsichtigt, daß die ungeteilte Aufmerksamkeit der Gruppe auf das Diskussionsthema gerichtet ist. Eine SOPHIA ist ganz besonders nützlich in einer Unterrichtssituation: in der Diskussionsrunde einer Gruppe über Bücher, wenn einer Gruppe eine wichtige Entscheidung bevorsteht, oder wenn die Gruppe sich wegen der Prinzipien der Einheit nicht einigen kann. Wenn die Gruppe vor der Diskussion gemeinsame Lesungen hinter sich hatte, stützt sich eine SOPHIA auf die Lesungen; sie ermöglicht der Rednerin, daß sie Perspektiven der Interpretation aufzeigt, die Einzelnen und der Gruppe zu unterschiedlichen Bedeutungen der miteinander gelesenen Texte verhelfen. Ein wichtiger Zweck der SOPHIA ist es, Fragen aufzuwerfen, die sich alle durch den Kopf gehen lassen sollten. Die Fragen werden auch „Subjektion" genannt (nicht die tradinionellen „Objektiva"). Subjektionen sind kritische Fragen, die sich aus unterschiedlichen Perspektiven ergeben bei der Betrachtung des Themas, das zur Diskussion steht. Es gibt keine Antworten auf Subjektionen oder besser, es gibt viele verschiedene Antworten, die alle möglich sind und all diese werden in der Diskussion voller Respekt erörtert. Die SOPHIA und die Subjektionen, die sie bietet, ermöglichen der Gruppe sehr viele verschiedene Betrachtungsweisen.

Checking in

Ein Check-In ist:
- Deinen Namen rufen ist eine symbolische Geste, die besagt, daß Du Dein Selbst in den Kreis gebracht hast und voll gegenwärtig bist: verstandesmäßig, körperlich und geistig.
- An Umständen oder Ereignissen teilhaben, die voraussichtlich Deine Teilnahme während der Diskussion beeinflussen.
- Sich kurz durch den Kopf gehen zu lassen, was Du vom letzten Meeting integriert oder profitiert hast.
- Zu sagen, welchen Beitrag Du bereit bist zu der Interaktion der Gruppe zu leisten und zu sagen, was Du Dir für die Gruppe während des Meetings erhoffst.

Check-In ist die Zeit, in der die Gruppe jedes Mitglied sprechen hört. Check-In eröffnet das Meeting für gewöhnlich, um sicherzustellen, daß den Problemen aller Anwesenden während der Sitzung die ungeteilte Aufmerksamkeit zukommt. Jedem Individuum muß genügend Zeit zugestanden werden, um zu sprechen, aber jede Anwesende spricht nur kurz, damit die Anwesenheit einer jeden bestätigt wird, bevor eine Diskussion beginnt. Check-In wird durch die Gastgeberin eröffnet und ist für alle ein Zeichen, daß das Meeting begonnen hat.

Check-In ist eine kurze Aussage von jeder Teilnehmerin und lenkt die Aufmerksamkeit der Gruppe auf den gemeinsamen Zweck des Beisammenseins. Durch die Mitteilung ihrer besonderen Erwartungen an das Meeting, kann jede Anwesende diese Erwartungen in das ganze Meeting integrieren. Wenn das einmal erledigt ist, gibt es keine geheime Tagesordnung mehr. Wenn man einer etablierten Gruppe beitritt, kann Check-In das Gefühl der Einschüchterung vermitteln. Wenn man ein Leben lang hierarchische Gruppenprozesse gewohnt ist, zweifelt man daran, wie sicher ein Ort wirklich ist. Bis Sie sich in einer Gruppe zu Hause fühlen, möchten Sie vielleicht nur mitteilen, wer Sie sind und weshalb Sie da sind.

Mit dem Check-In soll bezweckt werden, daß Ihre eigenen Fähigkeiten oder Begrenzungen durch die Teilnahme während des Meetings angesprochen werden. Wenn Sie sich nicht sicher sind, ob Sie Ihre Aufmerksamkeit aufrechterhalten können, könnten Sie sagen „ich bin nicht ganz bei der Sache heute Abend, aber ich möchte die Diskussion hören und mich so viel wie möglich daran beteiligen". Vielleicht könnten Sie ein paar Einzelheiten verlauten lassen, damit die Gruppe besser versteht, worum es geht, wie zum Beispiel: „Mein Hund ist heute weggelaufen und ich habe ihn nicht finden können. Ich habe Freunde, die nach ihm suchen. Ich weiß, daß meine Anwesenheit heute wichtig ist, damit ich bei der Planung für die Eröffnung des neuen Zentrums helfen kann." Sie sollten ebenfalls sagen, was Sie sich von Ihrer Teilnahme erhoffen. Wenn die Umstände bekannt sind, die Sie in Ihrer Fähigkeit beeinträchtigen, sich voll auf die Arbeit der Gruppe zu konzentrieren, und Sie auf Ihre Arbeit hinweisen, die Sie im Namen der Gruppe verrichten, kann die Gruppe Sie auf liebevolle Weise unterstützen.

Hier ist ein Beispiel dafür, wie Sie Ihre Überlegungen zu einem früheren Meeting mitteilen können, um das anzuerkennen, was geschehen ist, ohne die Zeit einer anderen für das Check-In zu beschneiden. Stellen Sie sich vor, daß es Kommentare gab während des Beendens am Ende des letzten Meetings zu Sallys konstruktiver Reaktion auf eine andere Person. Sue dachte über diesen konstruktiven Ansatz von Sally nach und wendete ihn zu Hause an. Während des Check-In erzählt Sally kurz von dem, was sich zugetragen hat und läßt die Gruppe wissen, daß sie nicht in der Lage gewesen wäre, sich eine konstruktivere Methode anzueignen, um mit ähnlichen Situationen zu Hause fertig zu werden, wenn diese Situation nicht während des Beendens zur Sprache gekommen wäre. Dadurch daß Sue die Gruppe an der Erfahrung ihres eigenen Wachstums teilhaben ließ, wurde die Gruppe eher in die Lage versetzt, die weitreichenden Einflüsse ihrer kollektiven Aktionen zu schätzen.

Obgleich der Beitrag jedes Individuums zum Check-In im Volumen und in den Einzelheiten unterschiedlich ist, ist es für jede Einzelne lebenswichtig, ihre Zielsetzung für jedes Meeting mitzuteilen. Schweigen während des Check-In läßt bei Anderen die Frage aufkommen, was Sie denken und läßt Zweifel darüber entstehen, was Ihre Absichten sein mögen. Das Schweigen zu diesem Zeitpunkt ist dem Erschaffen eines sicheren Raumes hinderlich. Wenn Sie nicht an dem Gefühl teilhaben können, daß Sie Ihren Anteil an der Verantwortung für den Gruppenprozeß zu tragen bereit sind, dann ist es an der Zeit, daß die Gruppe zum Beenden übergeht.

Die Reaktion auf den Check-In

Check-In vollzieht sich nicht in einem Vakuum. Die Gruppe widmet ihre Energie, ihre Zeit und ihre Aufmerksamkeit darauf, was Individuen mitzuteilen haben. Wenn jemand aufregende, gute Neuigkeiten verbreitet, dann bringt Eure guten Wünsche und Eure gemeinsame Freude hierüber voller Begeisterung zum Ausdruck! Wenn jemand durch eine Begebenheit abgelenkt wird, der ihre Teilnahme beeinträchtigen könnte („mein Hund hat sich verlaufen"), dann sollte sich die Gruppe fragen, wie sie am besten reagiert, um herauszufinden, was die Teilnehmerin von der Gruppe braucht. Wenn jemand ein dramatisches und wichtiges Ereignis mitteilt, wie den Tod eines befreundeten Menschen, dann möchte die Gruppe vielleicht die ganze Tagesordnung auf ein anderes Mal verschieben oder sie auf irgend eine Weise abändern.

Check-Out (Beenden)

Das Beenden hat wenigstens zwei Formen. Erstens: wenn Sie an dem Meeting nicht aktiv teilnehmen können, wäre es vernünftig, sich vollkommen abzumelden, entweder von diesem Meeting oder von der Gruppe überhaupt. Während eines Meetings zu schlafen oder ein Buch zu lesen, heißt nicht, daß Sie anwesend sind oder daß Sie teilnehmen!

Eine weitere Form des Beendens findet statt, wenn Sie anwesend sind und sich für die Gruppe engagieren, es steht Ihnen jedoch nur eine begrenzte Zeit und wenig Energie zur Verfügung für dieses besondere Meeting. Wenn Sie zu einem Meeting kommen und vor dem Ende gehen müssen, dann sollten Sie Ihre Lage während dem Check-In erklären und in etwa den zeitlichen Rahmen bekannt geben, der Ihnen zur Verfügung steht. Wenn es an der Zeit ist, bitten Sie um den Vorsitz und teilen Ihre abschließenden Kommentare mit. Lassen Sie der Gruppe Zeit, sich mit Ihren Problemen zu beschäftigen, mit nicht erledigten Angelegenheiten oder mit der Planung dessen, was Sie vielleicht gerade bearbeiten.

Ein Meeting endet zum Beispiel planmäßig um 22 Uhr. Neva möchte um 21 Uhr nach Hause gehen, weil sie am nächsten Morgen eine Prüfung hat und sich noch gut ausschlafen möchte. Neva war damit beschäftigt, Pläne für ein Konzert zu machen, dessen Sponsor die Gruppe ist und möchte an der Diskussion über diesen Punkt teilnehmen. Sie erläutert der Gruppe ihre Lage und bittet darum, daß die Diskussion über das Konzert früher stattfindet als auf der Tagesordnung vorgesehen, damit sie daran teilnehmen kann. Die Gruppe ist einverstanden mit dieser Priorität und den Änderungen des Verfahrens. Kurz vor Neun bittet Neva um den Vorsitz und teilt der Gruppe mit, daß sie sich Sorgen macht wegen einiger, noch nicht geklärter Fragen in Bezug auf das Konzert. Die Gruppe konzentriert sich auf Nevas Bemerkungen, klärt die Fragen und wünscht ihr alles Gute für die bevorstehende Prüfung.

6

Weiterreichen: Leitung und Verantwortung abwechselnd übernehmen

Den Vorsitz im Turnus innehaben heißt wirklich im wahrsten Sinne des Wortes: „weiterreichen". Den Vorsitz im Turnus innehaben, stellt die seit langem akzeptierte Sitte der hierarchischen Struktur (eine lineare Befehlskette, bei der ein einzelner Mensch oder eine elitäre Gruppe die Führung und die Kontrolle übernimmt) völlig auf den Kopf. Einen Vorsitz im Turnus zu haben, gesteht jedem Mitglied der Gruppe die Rechte und die Verantwortung der Leitung zu und den damit verbundenen Aufgabenbereich und die Entscheidungsgewalt.

Der Vorgang, den Vorsitz turnusmäßig weiterzureichen, mag am Anfang schwerfällig, unbequem, unpraktisch und offen gesagt, als eine ziemliche Plage erscheinen. Besonders nervtötend ist es, wenn man versucht, sich diesen Prozeß durch Lesen anzueignen. (Sie haben Glück, wenn Sie es durch mündliche Überlieferung auch lernen können!) Wenn man einmal den ganzen Vorgang im Rahmen einer Gruppe erlebt hat, die den Werten von *Peace und Power* in gemeinsamer Absicht und mit gemeinsamen Engagement verpflichtet ist, dann verschwinden die Befürchtungen und Vorbehalte allmählich, die man wegen dieses Vorgangs gehabt hat. Wirklich abscheulich wird es erst, wenn man versucht auf alten Pfaden zu wandeln und alles ertragen muß, wenn man notwendigerweise zurückgeht und sich der großen, weiten Welt stellen muß.

Der Vorsitz im Turnus

Der Vorsitz im Turnus bedeutet eine gemeinsame Verantwortung für die Teilnahme und die Interaktionen der Gruppe. Wer spricht, hat den Vorsitz. Nach dem Check-In konzentriert die Gastgeberin sich auf eventuelle Ankündigungen. Dann verschafft sich die Gruppe einen Überblick über die Tagesordnung und stellt fest, ob es irgendwelche Fragen gibt, die nicht besprochen werden müssen und die nicht auf der Tagesordnung stehen oder ordnet die Tagesordnung neu auf Grund der Mitteilungen der Teilnehmer während des Check-In. Wenn irgendjemand eine kurze Frage hat, die nur das Weitergeben von Informationen bedeutet, dann ist es jetzt an der Zeit. Die Gruppe kann zeitliche Beschränkungen festlegen und die Themen auf der Tagesordnung nach Prioritäten ordnen.
In Diskussionsgruppen bittet dann die Gastgeberin um eine SOPHIA. Die Subjektionen (Fragen) am Ende einer SOPHIA lassen die Diskussion oft wie Funken sprühen. In Gruppen, die sich an Aufgaben orientieren, lenkt die Gastgeberin die Aufmerksamkeit der Gruppe auf den ersten Diskussionsgegenstand.

Dann wird der Vorsitz im Turnus weitergegeben an irgendjemanden, der zu sprechen wünscht und die Diskussion beginnt. Der Vorsitz wird im Turnus weitergereicht an diejenige, die sprechen möchte.

Wenn die Diskussion beginnt, hebt man die Hand um kundzutun, daß man zu sprechen wünscht. Diejenige, die spricht, ist verantwortlich dafür, daß der Vorsitz an die nächste Rednerin weitergegeben wird. Man gibt den Vorsitz weiter, indem man den Namen derjenigen ruft, die man erkannt hat. Wenn mehr als eine Person sprechen möchte, dann gibt man den Vorsitz an diejenige weiter, die noch nicht gesprochen hat oder an diejenige, die in der letzten Zeit nicht gesprochen hat *(nicht* an diejenige, die zuerst die Hand gehoben hat).

Den Vorsitz weiterzugeben, indem man den Namen der Person laut ruft, ist ein wichtiges Hilfsmittel für eine große Gruppe, denn auf diese Weise wird es jedem möglich, den Namen der andern zu lernen. Ganz abgesehen von der Größe der Gruppe ist es jedoch eine symbolische Geste, die bedeutet, daß man die Identität einer jeden Person ehrt und die Anwesenheit jeder Person respektiert. Wenn man den Namen der nächsten Rednerin laut ruft, so ist das ebenfalls ein deutliches Signal, daß man zu reden aufgehört hat und daß man tatsächlich den Vorsitz weitergibt.

Man ist jedoch nicht verpflichtet, den Vorsitz jemand anderem zu übergeben, bis man all das beendet hat, was man sagen wollte. Gleichzeitig ist man jedoch dafür verantwortlich, daß man jeder Person die Chance gibt, sich zu jedem Thema zu äußern. Man sollte lange, sich ständig wiederholende, oder zusammenhanglose Kommentare vermeiden, die den Vorsitz für andere verhindern. Wenn schwafeln zu Ihren Angewohnheiten gehört und sie bemerken, daß andere keine Zeit haben, sich zu äußern, dann sollten Sie versuchen, Ihre Gedanken und Vorstellungen in einem Tagebuch oder in einer Unterhaltung zu klären und dann die Gruppe bitten, Sie immer auf dem Laufenden zu halten und Ihnen zu sagen, wie Sie sich machen.

Machen Sie sich während der Diskussion Notizen zu dem, was Sie von den Gedanken und Vorschlägen der andern halten. Hören Sie den andern sorgfältig zu, lassen Sie ihnen Zeit, ihre Vorschläge zu Ende zu bringen, bevor Sie durch ein Handzeichen anzeigen, daß Sie zu sprechen wünschen. Wild herumzufuchteln, um anzuzeigen, daß Sie ganz versessen darauf sind, Ihre Gedanken mitzuteilen, ist genauso störend und respektlos wie Zwischenrufe.

Am Anfang kann das Handheben Ihnen erscheinen, als ob Sie in Ihre Kindergartenzeit zurückversetzt worden wären. Die Vorzüge machen sich jedoch bald bemerkbar. Man kann sicher sein, daß man eine Chance zum Reden bekommt, daß man seinen Gedankengang ohne Unterbrechung zu Ende führen kann und daß jemand mit einer lauteren Stimme einen nicht einschüchtern kann. Jede Person, die reden will, kann sich sicher sein, daß ihr das auch ermöglicht wird. Wenn man leise spricht, weiß man, daß man nicht brüllen muß, um die Aufmerksamkeit zu bekommen. Wenn man nicht daran gewöhnt ist, vor einer Gruppe zu reden, kann man sicher sein, daß man ermutigt wird und Zeit hat, diese Fertigkeiten zu üben. Wenn man langsam spricht und oft anhält, um seine Gedanken zu ordnen, kann man sicher sein, daß niemand aufspringt und die Aufmerksamkeit der Gruppe an sich reißt, bevor man das, was man sagen wollte, nicht auch gesagt hat.

Weiterreichen: Notizen und Protokolle

Alle, die an einer Versammlung teilnehmen, machen Notizen. Diese Notizen machen es leichter, den Vorsitz weiterzureichen. Sie sind kein Protokoll des Meetings und werden im allgemeinen nicht mit der Gruppe geteilt. Sie stellen ein persönliches Hilfsmittel dar, um sich an eigene Gedanken zu erinnern, die man hatte, während andere sprachen. Die eigenen Notizen machen es möglich, einen Gedanken im Gedächtnis zu bewahren, den man mit anderen teilen möchte, ohne jemanden anders zu unterbrechen, während sie sprechen. Sie dienen als persönliches Tagebuch Ihrer Erfahrungen in der Gruppe. Sie können auch als persönliche Erinnerung an etwas dienen, was Sie zu tun versprochen haben! Diese Notizen sind eine wertvolle Quelle während des Beendens, denn sie ermöglichen es, daß man sich an bestimmte Punkte beim Verfahren erinnert, zu denen man noch etwas sagen wollte.

Für Gruppen, die bestimmte Aufgaben haben, kann wenigstens ein Mitglied verantwortlich sein für die Aufzeichung der Beiträge zu den Tagesordnungsthemen im Meeting in Form eines Protokolls. Für Versammlungen, die länger als eine Stunde dauern, wäre es sinnvoll, wenn diese Aufgabe auf mehrere Mitglieder verteilt würde. Andersgeartete Gruppen mögen sich für ein Protokoll entscheiden oder auch nicht. Protokolle sind nicht unbedingt erforderlich, aber vielleicht möchten Sie diese Sitte doch aus den folgenden Gründen beibehalten:

Protokolle sind dauerhafte Dokumentationen für die Archive der Gruppe

Protokolle sind eine Informationsquelle für diejenigen, die beim Meeting gefehlt haben, damit sie sich über das, was sich zugetragen hat, informieren können.
Protokolle sind Bezugspunkte für die Gastgeberin beim nächsten Meeting und Protokolle helfen denjenigen, die ein schlechtes Gedächtnis haben und eine Gedächtnisstütze brauchen, damit sie wissen, was von ihnen demnächst erwartet wird.

Manche Gruppen führen sehr detaillierte Aufzeichnungen über alle Ideen und Kommentare einschließlich der Namen derer, die gesprochen haben und einer Zusammenfassung aller Beiträge. Andere Gruppen zeichnen nur die Namen derjenigen auf, die beim Meeting anwesend waren, die Entscheidungen, die getroffen wurden und die hauptsächlichen Faktoren, die zu der Entscheidung beigetragen haben. Die Bedürfnisse einer Gruppe können sogar von einem Meeting zum andern variieren.

Gruppen mit besonderen Aufgaben: die Aufgaben in den Griff bekommen

Manchmal teilt die *Gruppe* (nicht eine einzelne Person) einem Ausschuß, Spezialausschuß, oder einer einzelnen Person in der Gruppe einen bestimmten Aufgabenbereich turnusmäßig zu. Die Gruppe umreißt den Aufgabenbereich des Spezialausschusses und stellt Richtlinien zur Verfügung, die dem Spezialausschuß helfen, seine Arbeit im Einklang mit den Prinzipien der Einheit der Gruppe zu erledigen. Der Spezialausschuß trifft dann Entscheidungen und handelt gemäß seinem Aufgabenbereich. Der Spezialausschuß überbringt der größeren Gruppe dann einen Arbeitsbericht und ermittelt Fragen, die eine größere Perspektive benötigen.

Ein Vorteil dafür, daß man einen Spezialausschuß für besondere und laufende Arbeiten hat, ist der, daß auf diese Weise Fertigkeiten weitergegeben werden. Ein Spezialausschuß beschäftigt sich gewöhnlich intensiv mit Aufgaben, die besondere Fertigkeiten und Qualifikationen benötigen. Sich eine Fertigkeit anzueignen wird durch die Teilnahme an der Arbeit erreicht und nicht einfach vom Hörensagen über die Resultate der Arbeit. Wenn man dem Bericht eines Finanzausschusses zuhört und sei er noch so detailliert, ist das einfach nicht genug um zu lernen, wie man die Bilanz zieht.

Spezialausschüsse, die den größten Erfolg bei der Erledigung der Arbeiten und der Weitergabe der Fertigkeiten verzeichnen können, sind diejenigen, die mit der Aufgabe Erfahrung haben und die, die lernen, sich die Waage halten. Das macht eine allmähliche Umverteilung über einen Zeitraum unter denen nötig, die es mit einem Spezialausschuß zu tun haben, damit die Arbeit und die Verantwortung im Turnus weitergegeben wird.

Aktiv Zuhören

Aktiv Zuhören ist ein wichtiger Bestandteil bei dem Vorgang, Verantwortung turnusmäßig weiterzugeben. Aktiv Zuhören bedeutet, daß man sich vollkommen auf den Redner eingestellt hat und daß man die Wahrnehmung dessen, was man gehört hat, verbal überprüft. Dieser Vorgang macht es erforderlich, daß man sich dessen bewußt ist, wie man das wahrnimmt, was andere Menschen sagen. Wenn Sie bereit sind, das, was Sie gehört haben, zu bestätigen, bitten Sie um den Vorsitz und kleiden Sie das, was Sie verstanden haben, in Ihre eigenen Worte. Der Redner kann Ihnen bestätigen, ob Ihre Wahrnehmung richtig war. Andere in der Gruppe können ebenfalls dazu beitragen, die beabsichtigte Botschaft zu verdeutlichen.

Die Tyranneien des Schweigens und der Wiederholung

Effektiv zusammenzuarbeiten ist schwierig, wenn nicht gar unmöglich, wenn es einigen in der Gruppe konstant beliebt, sich nicht zu Fragen zu äußern. Schweigen, wenn Sie Ihren Standpunkt nicht klargemacht haben, bedeutet, daß die Gruppe keinen Nutzen aus einer Ansicht ziehen kann, mit der sie vielleicht sonst nicht gerechnet hat. Schweigen läßt bei Leuten die Frage aufkommen, was Sie wirklich denken oder noch schlimmer, es gibt Anlaß zu Vermutungen über Ihre Gedanken und Meinungen.

Bedenken Sie, daß dieser Prozeß nicht funktioniert mit den Gedanken von „Mehrheit" und „Minderheit". Selbst wenn Sie die Einzige sind, die ihre Meinung verschweigt, muß die Gruppe dennoch diese Tatsache bei der Entscheidungsfindung berücksichtigen. Und noch wichtiger ist die Tatsache, daß die Prozesse von *Peace und Power* sich darauf gründen, daß sie jedes Individuum achten, und die anderen können nur wissen, was Sie der Gruppe zu bieten haben, wenn Sie Ihnen Ihre Ansichten, Gedanken und Ideen mitteilen.

Zur gleichen Zeit ist nicht nötig, daß jedes Individuum sich zu allen Fragen äußert. Wenn Ihr Standpunkt schon vertreten wurde, brauchen Sie nicht zu wiederholen, was jemand anders schon gesagt hat, obgleich es oft sehr wichtig ist, daß Sie die Gruppe wissen lassen, daß Sie dem zustimmen, was jemand anders schon gesagt hat. Wenn Sie der gleichen Meinung sind, aber noch einen anderen Gedanken oder eine andere Befürchtung hinzuzufügen haben, müssen Sie sprechen, damit Ihre zusätzlichen Gedanken in der Diskussion Beachtung finden.

Übergehen zu „Jedermann-Log"

Wenn zwei Personen beisammen sind, ist ein Dialog äußerst wünschenswert, weil es von größter Wichtigkeit ist, daß jede zu der Diskussion beiträgt – andernfalls ist es keine Diskussion. In einer Gruppe, die größer als zwei Personen ist, gilt das gleiche Prinzip; *jede* muß einen Beitrag zur Diskussion leisten, sonst ist es keine Diskussion. In einer Gruppe von mehr als zwei Personen ist der Dialog wie ein Monolog in einer Zweiergruppe – ein oder zwei Personen beherrschen die Diskussion, sodaß andere Stimmen nicht gehört werden. Jegliche Form von Dominanz in der Diskussion einer Gruppe ist ein Beispiel für die Macht-Über-Praktiken traditioneller Meetings. Monolog oder Dialog in einer Gruppe befremdet die anderen Teilnehmer, fördert Streitigkeiten und Debatten unter den einzelnen Teilnehmern und verhindert, daß andere Standpunkte gehört werden. Der Vorsitz im Turnus verlangt „Jedermannslog". Somit ist sichergestellt, daß jede Anwesende spricht, wobei jedem die gleiche Zeit zwischen den Beiträgen zusteht.

Wenn die Standpunkte zweier Personen sich in direktem Gegensatz befinden, ist es besonders wichtig, daß andere Standpunkte vorgetragen werden. Konflikt kann das Wachstum fördern und wünschenswert sein (siehe Kapitel neun) aber, wenn zwei Individuen, die gegenteilige Meinungen haben, nun selbst miteinander in Konflikt geraten, können andere sich nicht an der Diskussion beteiligen. Während andere Leute sprechen, kann die Gruppe feststellen, worum es in Wirklichkeit geht. Somit haben die zwei Personen, die Konflikte haben, die Möglichkeit, über ihre eigenen Positionen nachzudenken, sich die Gedanken und Gefühle der anderen Gruppenmitglieder anzuhören und sich zu entscheiden, ob ihre Gedanken und Gefühle dem Gruppenprozeß helfen oder ihn behindern.

Manchmal haben ein oder zwei Individuen zusätzliche Informationen zu einem bestimmten Thema. Jemandem eine Frage stellen und Informationen auszutauschen, unterscheidet sich ausschließlich von einem Dialog. Der Austausch von Informationen ist einfach das: Austausch von Informationen. Die Falle, auf die man ein Augenmerk haben muß, ergibt sich dann, wenn eine Gruppe sich fortwährend auf ein oder zwei Individuen bezieht als die „Alleswisser". Dies ist ein Signal dafür, daß kein Austausch von Informationen und Fertigkeiten stattfindet und die Gruppe muß ihre Aufmerksamkeit darauf richten, daß jede Einzelne die Gelegenheit erhält, Standpunkte und Informationen auszutauschen.

Variationen

Den Vorsitz im Turnus weitergeben kann auf viele verschiedene Arten geschehen und Sie werden sich Wege einfallen lassen, die wir hier nicht erwähnt haben. Die Idee dabei ist, daß Sie Wege finden, die die Werte und Absichten von *Peace und Power* effektiv wiedergeben. Änderungen sind häufig bei kleinen Gruppen (weniger als sechs) oder bei größeren nötig (mehr als 35). Kleinere Gruppen haben die Tendenz, daß sie weniger förmlich sind und sich oft auf Diskussionen verlassen, die im Stile einer Dinnerparty stattfinden. Wenn das geschieht, bekommt zwar jeder die Gelegenheit zu sprechen, aber die Diskussion kann vom Thema abschweifen. In großen Gruppen haben vielleicht einige Leute keine Gelegenheit zu sprechen und schüchterne Menschen werden es besonders schwierig finden.
Die folgenden Vorschläge sind Variationen, die man zusätzlich zu dem, was Sie gelesen haben, anwenden kann.

Sparking

Wenn eine Frage oder ein Thema für große Aufregung in der Gruppe sorgt, entwickelt sich in der Diskussion natürlich ein Stil, der die geballte Energie widerspiegelt, die durch die Aufregung entsteht. Viele beginnen zu sprechen, manchmal alle zur gleichen Zeit und werfen oft Worte und Ideen in den Raum wie ein Springbrunnen.
Diese Art der Diskussion ist als Zünden bekannt. Wenn das auf natürliche Weise geschieht, sollte man es geschehen lassen, wenn die Diskussion der Gruppe neue Ideen und die Energie, nach vorne zu schauen, verleiht. Sobald aber jemand beginnt, das Interesse zu verlieren, oder die Ideen sich wiederholen, dann ist es an der Zeit, daß die Gastgeberin oder ein anderes Mitglied der Gruppe die Führung übernimmt. Sie legt der Gruppe nahe,

das Zünden zu beenden und sich zu der Gewohnheit des turnusmäßigen Vorsitzes zurückzubegeben, da dieser Gesprächsstil dazu angetan ist, sich auf das Thema zu konzentrieren.
Sie können einen Gedanken oder ein Thema in die Gruppe einbringen, wo das Zünden förderlich sein könnte. Bitten Sie die Gruppe, zu einer bestimmten Zeit diesen Diskussionsstil anzuwenden oder machen Sie einen Plan bei einem zukünftigen Meeting und schließen Sie das Zünden zu dieser Frage mit ein.

Circling

Rund-um ist die Zeit, wenn eine Gruppe bei einer offenen Diskussion und der turnusmäßigen Weitergabe des Vorsitzes eine Pause einlegt, und es an Jedem ist, Rund-um (im Kreis herum) über ein Thema zu sprechen. Alle hören einander abwechselnd zu. Niemand antwortet oder diskutiert über einen Kommentar oder einen Gedanken, bis jeder über ein Thema gesprochen hat. Wenn Sie eine Frage haben oder eine Erklärung wünschen, machen Sie sich eine Notiz, damit Sie um eine Erklärung bitten können, nachdem alle gehört worden sind. Obgleich es für gewöhnlich die Gastgeberin ist, kann jedes Mitglied die Gruppe um ein Rund-um bitten, wenn es bemerkt, daß die Gruppe es nötig hat, sich auf eine Frage zu konzentrieren und sie zu erhellen. Wer auch immer ein Rund-um verlangt, teilt mit, was ihrer Meinung nach das Gesprächsthema des Rund-um sein sollte. Jeder spricht nur kurz und macht ein paar kurze Bemerkungen zu dem Thema, das der Anlaß zu einem Rund-um war. Das stellt eine Verbindung her zu allen Standpunkten, die zu diesem Zeitpunkt existieren. Auf diese Weise bekommen alle eine Atempause, um ihre Gedanken zu sammeln, bevor sie sprechen. Wenn Sie zu diesem Zeitpunkt keinen Beitrag leisten wollen, ist es dennoch wichtig, daß Sie bei dem Rund-um sprechen. Sie könnten sagen „Diese Frage macht noch keinen Sinn für mich, ich brauche mehr Zeit."

Wenn es den Anschein hat, als ob die Diskussion für den Konsens bereit wäre, es aber immer noch nicht feststeht, ob das tatsächlich der Fall ist, dann kann jemand um ein Rund-um bitten, nur um herauszufinden, ob die Mitglieder bereit sind, zu einem Konsens wegen dieses Problems zu kommen. Am Ende des Zündens kann ein Rund-um der Zeitpunkt für jeden sein, um mitzuteilen, welcher der Gedanken am besten „zündete".

Ein Rund-um ist ganz besonders hilfreich, wenn es vor Spannung nur so knistert und zwei oder drei Personen sich im Mittelpunkt der hitzigen Debatte befinden. Der Rund-um kann eingesetzt werden, um einen Dialog zu unterbrechen, der ausschließlich zwischen zwei Personen stattfindet. So eine Situation tritt oft ein, wenn die Spannung am größten ist. Ein Rundum verleiht jedem einzelnen Mitglied die Verantwortung und die Gelegenheit sich zu äußern, um die Erkenntnisse des Augenblicks mitzuteilen oder um Gefühle auszudrücken, die vielleicht noch nicht offenbar geworden sind. Der Rund-um gibt denjenigen, die sich im Mittelpunkt der Debatte befinden, die Möglichkeit, den Perspektiven, die andere zu bieten haben, aufmerksam zuzuhören und gibt ihnen zudem die Zeit, an sich zu arbeiten in Hinblick auf ihre Debatte.

Ein Rund-um kann man anwenden, um eine Frage zum Abschluß zu bringen. Jede teilt ihre Gedanken zu diesem Thema mit, bevor die Diskussion beendet ist und man sich einem anderen Punkt der Tagesordnung zuwendet, dem Konsens oder dem Beenden.

Timing-Call

Trotz der besten Absichten lassen sich manche hinreißen, wenn sie sich zu einer Frage äußern. Wenn eine Gruppe Probleme hat mit verlängerten „Mini-Reden", die vielen die Gelegenheit rau-

ben, selbst zu reden, kann die Gruppe die Zustimmung geben, das Signal zum Timing zu geben. Das erinnert die Redner daran, zu Ende zu kommen, damit andere sprechen können. Das Signal zum Timing ist ein einfaches T, das mit den Händen gemacht wird.
Die bewußte Entscheidung, das Signal für ein Timing zu geben, vermeidet das Abrutschen in unbewußte Muster der Interaktion. Überschreien, lange Schimpfkanonaden, oder andere verbale Formen der Herrschsüchtigkeit sind wohlbekannte Macht über Angewohnheiten, die viele, die ansonsten gute Absichten haben, sich angewöhnt haben. Wenn eine Gruppe den turnusmäßigen Vorsitz anwendet, dann gab es eine erprobte, unbewußte Methode, um langatmige Redner zu unterbrechen: man gab Handzeichen, um den Vorsitz zu verlangen, während die Rednerin immer noch spricht. Handzeichen sind nicht nur respektlos gegenüber der Rednerin, sie wirken sich auch störend auf den Vorgang aus und stören obendrein die Gruppe und weisen denjenigen die Verantwortung zu, die Rednerin in die Pflicht zu nehmen, die erwartungsgemäß auch sprechen wollen.

Wenn es einer Gruppe bewußt wird, daß langatmige Reden ihren Prozeß behindern, dann ist ein bewußt gewähltes Signal eine respektvolle Methode, um damit anzufangen, die Reaktionsmuster andern Gruppenmitgliedern gegenüber zu verändern. Das Timing-Signal unterbricht die Rednerin effektiv, es hat einige Merkmale, die sich von mündlichen Macht über Unterbrechungen und den störenden Handzeichenpraktiken unterscheiden. Es ist ein Signal, dem von der Gruppe mit Vorliebe die Zustimmung erteilt wird, weil sie alle gemeinsam den Wunsch haben, daß jede gleichermaßen Zugang zur Diskussion bekommt. Es ist gleichfalls ein Signal, das still ist – es heizt nicht unnötig die Gefühle in der Gruppe an mit lauten Geräuschen und hysterischen Gesten. Das wichtigste daran ist aber, daß es ein Signal ist, womit die Rednerin ganz einfach an die allgemein akzeptierte Verantwortung erinnert wird, Platz zu machen für andere, die zu sprechen wünschen. Diejenige, die das Timing-Signal gibt, versucht nicht, die Rednerin zu überfahren, indem sie darum bittet, sprechen zu dürfen. Das Timing-Signal ist kein Zeichen, das um den Vorsitz bittet; es soll lediglich die Rednerin daran erinnern, daß es an der Zeit ist, mit dem Reden aufzuhören und andern die Gelegenheit zu geben, sich zu äußern. Wenn niemand den Wunsch zu sprechen äußert, ist es immer noch wohltuend für die Gruppe, ein paar Minuten in der Stille zu verweilen, damit jede sich von der Konzentration „erholen" kann, die man der letzten Rednerin widmete und über die Richtung nachzudenken, die die Diskussion nach ihrem Wunsch nehmen soll. Wenn Sie diejenige sind, die gerade spricht, wenn jemand das Timing-Signal macht, so ist das für Sie aus mehreren Gründen vorteilhaft: Sie haben die Gelegenheit, noch einmal zu überlegen, welche Richtung Ihre überlangen Kommentare genommen haben und sich wieder auf die Gruppe zurückzubesinnen. Wenn Sie etwas lautstark geworden sind, könnten Sie eine Pause machen, um sich wieder abzuregen.

Calming the Air

Ein weiteres Handzeichen, das man als beruhigende Geste anwenden kann, wozu manchmal beide Hände gebraucht werden: man hält die Handinnenflächen nach unten und bewegt die Hände langsam im Kreis, als ob man eine Katze streichelt. Diese Bewegung ist sehr praktisch für Gruppen, die für gewöhnlich unter höchster Anspannung und großem Streß arbeiten oder bei denen es vorkommt, daß sie in unproduktive Diskussionen verfallen, die dem Zünden nicht unähnlich sind. Statt zuträglich für eine Gruppe zu sein, sind diese fortwährenden Ausbrüche, bei denen alles wild durcheinander redet, ein Anzeichen, daß alle vor lauter Anspannung und Streß gleich in die Luft gehen. Wie bei dem Timing-Signal kann die Gruppe Vorteil daraus ziehen, wenn sie dieses Muster bei ihren Interaktionen erkennt und sich bewußt entschließt, Schritte zu unternehmen, um das zu ändern.

Die Bewegung des Luftreinigens erinnert alle daran, daß sie sich verpflichtet haben, die Interaktionen, die unproduktive Spannungen hervorrufen, zu ändern und zu den Interaktionen überzugehen, von denen alle profitieren, weil sie zur Konzentration und zur Ruhe verhelfen. Wenn jemand die Luft reinigt, kann die Gruppe mit dem Brüllen und dem Durcheinanderrufen aufhören, tief durchatmen und in der Stille verweilen, während sie ihre Gedanken und ihre Gefühle ordnet, um sich dem zu widmen, was geschieht.

Random Ravings

Manche Leute denken an Themen, die während einer Diskussion nicht völlig geklärt wurden oder die Gruppe läßt etwas offen, weil es da noch Unklarheiten gibt. An irgendeinem Punkt während des Meetings, meistens am Ende, stehen diese offenen Fragen im Raum. Es ist nützlich, für jeden ein paar Minuten einzuplanen, um über irgendwelche Dinge nachzudenken, die vielleicht kurz erwähnt werden sollten, bevor das Meeting endet. Dieser Punkt auf der Agenda heißt „aufs Geratewohl reden".[1]

Wenn Sie sich Notizen während des Meetings machen, denken Sie daran, daß Sie Zeit haben für das „aufs Geratewohlreden". Sie können einen Kringel um eine Notiz machen, auf die Sie später zurückkommen wollen, ohne jetzt die gegenwärtige Diskussion zu unterbrechen. Wenn es an der Zeit für das aufs Geratewohlreden ist, wird ein kurzer Blick auf Ihre Notizen

Ihnen helfen, sich an diese flüchtigen Gedanken zu erinnern. Jede kann die Notizen durchsehen, um festzustellen, ob sich etwas noch in der Schwebe befindet, das man noch ansprechen muß. Wenn eine solche Angelegenheit mehr Zeit erfordert, kann die Gruppe sich entschließen, die Angelegenheit auf die Tagesordnung für das nächste Meeting zu setzen.

7

Kooperation und Kollektiv in Aktion: Konsens

Konsens verlangt aktives Engagement für die Solidarität in der Gruppe und die Integrität der Gruppe. Eine Entscheidung durch Konsens zu fällen, bei der alle Standpunkte zu einem bestimmten Thema in Betracht gezogen wurden, ist keine leichte Aufgabe, besonders dann, wenn man an das Abstimmen gewöhnt ist. Es ist jedoch möglich. Wenn Sie einmal erlebt haben, wie eine Entscheidung durch Konsens gefällt wird, ist das die lohnendste und das Wachstum fördernde Komponente des *Peace-und-Power*-Ansatzes zu einem Gruppenprozeß.

Konsens in einer unterschiedlichen Gruppe ist möglich, weil er mit der Intention der Gruppe zusammenhängt und auf dieser Basis gebildet wird und sich so zusammensetzt, daß er gewissenhaft mit den Prinzipien der Einheit der Gruppe übereinstimmt. Der Prozeß der Konsensbildung trägt gleichzeitig dazu bei, daß die Ziele der Gruppe und die Prinzipien der Einheit durchschaubar gemacht und überdacht werden.

Die Entscheidung einer Gruppe, die durch Konsens getroffen wird, ist stärker, wertvoller und dauerhafter als eine, die durch Mehrheitsbeschluß erzielt wird, wo die Wünsche der Minderheit (die manchmal groß und wichtig sind) nicht beachtet werden. Wenn alle daran beteiligt waren, eine Entscheidung zu fällen, kann jedes Individuum konform gehen mit der Entscheidung, weil es alles, was in Betracht gezogen wurde bei der Entscheidungsfindung verstanden hat.

Abstimmen, das eine trennende „Macht-über"-Dynamik in Gruppen benutzt und verstärkt, wird bei dem Prozeß der Konsens-Bildung nicht angewandt. Alle Meinungen, und sogar die einer einzigen Person, die eine ganz andere Meinung in die Gruppe einbringt, werden gleichermaßen geschätzt und in Betracht gezogen. Während jede Perspektive Beachtung erhält, wird sie integriert als ein deutlich erkennbarer Teil der Entscheidung oder als ein Faktor, der über die Richtung informiert, auf die die Gruppe zusteuert.

Konsens wird im allgemeinen mit Kompromiß verwechselt, aber das ist ein Trugschluß. Ein Kompromiß konzentriert sich auf das, was jedes Mitglied aufgibt, um mit der Entscheidung leben zu können. Eine Kompromiß-Entscheidung wird oft „Konsens" genannt, weil die Gruppe nicht abstimmt, sondern stattdessen versucht zuzustimmen. Damit eine Übereinkunft erreicht werden kann, verläßt sich die Gruppe darauf, von jedem Einzelnen Zugeständnisse zu bekommen und das Ergebnis ist dann die „unterste Stufe", auf der jeder sich einigen kann.

Im Gegensatz dazu schließt die Entscheidung durch Konsens unterschiedliche Standpunkte von Individuen ein, während sie eine Einheit um die Ziele der Gruppe schafft. Eine Entscheidung durch Konsens ist ein Prozeß, der auf das gerichtet ist, was jede einzelne Person *und* die Gruppe als Ganzes durch die Art der Entscheidung, die sie trifft, *profitiert*. Wenn sie einmal die Entscheidung fällt, stimmen die Mitglieder der Gruppe ge-

meinsam den *Zielen* zu. Die Gruppe überprüft sorgfältig, welche Wünsche und Vorlieben jede Einzelne hat und das, was ihr besonders wichtig ist, und dann integriert sie alles, wobei sie die gemeinsamen Ziele der Gruppe im Auge behält. Ein Konsens-Verfahren verlangt, daß jedes einzelne Mitglied sich auf das konzentriert, was die ganze Gruppe aufrichtig als eine Gemeinschaft schätzt. Es wird ebenfalls verlangt, an der Entscheidung teilzunehmen, die ihre gemeinsamen Vorstellungen und Werte verbessert. Wenn ein Mitglied auf einen besonderen Wunsch verzichtet während des Konsens-Verfahrens, dann geschieht das, um mit allen zusammen die gemeinsamen Ziele und Vorstellungen der Gruppe zu bejahen und zu unterstützen. Ein Konsens ist kein totalitäres „Gruppendenken". Was davor schützt, ist die Verpflichtung, unterschiedliche Standpunkte anzuhören und zu achten und mit einer Entscheidung zu warten, bis alle Gruppenmitglieder auf die unterschiedlichen Standpunkte eingegangen sind. Die Prinzipien der Einheit einer Gruppe bieten eine gemeinsame Betrachtungsweise für unterschiedliche Standpunkte, aber sie sind Richtlinien, kein Dogma. Eine neue Meinung zu einem Thema kann für die Gruppe eine Herausforderung darstellen, damit sie die Prinzipien der Einheit noch einmal überprüft. Daraus ergibt sich gesundes Wachstum und Transformation. Individuen teilen ihre unterschiedlichen Ansichten zu einer Frage offen mit, während sie alle anderen Meinungen und die Gefühle der Gruppe als Ganzes mit Respekt überprüfen. Aus diesem Gleichgewicht erwächst die Fähigkeit, sich bereitwillig einer Entscheidung zu nähern, die sich für die Gruppe als die beste erweist.
Am Ende dieses Kapitels werden anhand eines Beispiels die subtilen, aber wichtigen Unterschiede zwischen einem Kompromiß und einem Konsens gezeigt.

Aufruf zum Konsens

Wenn die Gruppe alle Ansichten zu einer Frage gehört hat, faßt die Gastgeberin oder ein anderes Mitglied der Gruppe das, was allem Anschein nach das vorherrschende Gefühl in der Gruppe ist, zusammen und fragt, ob diese Zusammenfassung alle Anwesenden zufriedenstellt. Zu diesem Zeitpunkt wird jede abweichende Ansicht zur Sprache gebracht und die Diskussion wird fortgesetzt mit dem Ziel, eine Entscheidung zu finden, die alle Standpunkte in Betracht zieht. Wenn sich keine anderen Möglichkeiten ergeben, hat die Gruppe einen Konsens erreicht. Obwohl der Vorgang manchmal endlos erscheint durch die Ermutigung zur gründlichen Diskussion der Kontroversen und Unterschiede, überwiegt die Befriedigung, die dadurch entsteht, daß Gedanken und Vorstellungen jeder Einzelnen gehört werden, bei weitem jegliche Frustration. Eine Entscheidung durch Konsens zu fällen ist oft viel „effizienter" als jede andere Form der Entscheidungsfindung. Das entspricht der Wahrheit, denn es gibt selten Mißverständnisse wegen dem, was die Gruppe entschieden hat und alle können sich ohne Vorbehalt einsetzen, wenn sie auf Grund der Entscheidung handeln.

Wenn eine Diskussion über ein Thema nicht so leicht auf die Entscheidung durch Konsens hinsteuert, kann sich die Gruppe zu dem Zeitpunkt entscheiden oder auch nicht und die Frage für eine spätere Diskussion offen lassen. Es gibt wirklich kaum Entscheidungen, die sofort getroffen werden müssen. Wenn man sich entscheidet, sich „nicht zu entscheiden," so vermittelt das eine eigene Botschaft: um eine gut fundierte Entscheidung zu treffen, muß die Angelegenheit noch gut überdacht und geplant werden.

Wenn eine Entscheidung dringend scheint und es der Gruppe unmöglich ist, einen Konsens zustande zu bringen, dann muß jemand die Gruppe auffordern darüber nachzudenken, wie dringend die Entscheidung wirklich ist. Wenn sie wirklich nicht dringend ist oder eine Übergangsentscheidung getroffen werden kann, dann kann die Gruppe die Frage offen lassen und auf die Tagesordnung des nächsten Meetings setzen. Wenn die Entscheidung dringend ist, dann muß die Gruppe sich auf die Notwendigkeit einer Entscheidungsfindung konzentrieren, mit der jedes Mitglied leben kann, und einen Plan machen, weitere Diskussionen über die Fragen zu führen, die damit im Zusammenhang stehen.

Nicht alle Mitglieder müssen anwesend sein, wenn die Gruppe eine Entscheidung fällt. Für die meisten Entscheidungen können diejenigen, die in der Gruppe anwesend sind, einen Konsens zu dem Zeitpunkt erreichen, an dem die Gruppe über ein Thema diskutiert. Dies ist möglich, weil die Prinzipien der Einheit der Gruppe den Prozeß leiten und alle Mitglieder sich der Prinzipien der Einheit bewußt sind. Wenn jedoch die Entscheidung, die ansteht, eine Entscheidung ist, die die Arbeit von Mitgliedern der Gruppe, die nicht anwesend sind, direkt betrifft, muß man die Entscheidung als unverbindlich ansehen, bis all diejenigen, die davon betroffen sind, an der Diskussion teilnehmen können. Diejenigen, die an der Diskussion teilnehmen, sind verantwortlich dafür, daß sie alle Punkte, die die Gruppe in Betracht gezogen hat, den abwesenden Mitgliedern mitteilen. Dies geschieht entweder durch einen schriftlichen Bericht, ein Tonband oder durch eine Unterredung mit Mitgliedern der Gruppe. Wenn diejenigen, die nicht anwesend sind, neue Ansichten zu dem Thema beitragen, dann fährt die Gruppe mit der Diskussion während mehrer Meetings fort, bis jede Person Gelegenheit gehabt hat, an der Diskussion und am Konsens-Vorgang teilzunehmen.

Positiver Dissens

Die Möglichkeit eines Indivduums oder einer kleinen Minderheit, gegenteiliger Meinung zu sein, ist eine Stärke, die vor den Gefahren eines totalitären Gruppendenkens schützt. Zur gleichen Zeit steckt in denjenigen, die anderer Meinung sind, ein gewaltiges Potential auf eine Macht-über-Weise zu handeln, die Uneinigkeit schafft. Wenn Sie sich in einer Lage befinden, in der Sie oder jemand anders allein da stehen oder zu einer kleinen Minderheit gehören und einen Standpunkt vertreten, der zu dem der meisten Mitglieder der Gruppe konträr ist, dann tragen Sie und die Gruppe eine ganz besondere Verantwortung dafür, daß Sie sich genau überlegen, was sich gerade abspielt. Dieses ist ein Gruppenproblem und wenn die Gruppe auf konstruktive Art reagiert, dann entwickelt sie alle Fertigkeiten, die die Vielfalt schätzen. Nehmen Sie sich in acht, daß Sie jemanden, der eine andere Meinung hat, nicht als schwierige Person abtun.

Wenn man einen Punkt im Konsens-Vorgang erreicht hat, an dem die Positionen sich polarisieren, ist das ein Signal, daß die Gruppe das „Was" der Diskussion beiseite lassen muß und die grundlegenden Werte und Verpflichtungen überprüfen muß. Das bedeutet wieder einmal, daß man sich Zeit nehmen muß, um sich um die Prozesse zu kümmern, und das kann ein Gefühl der Langeweile auslösen. Wenn man jedoch an die typischen Alternativen denkt – verletzte Gefühle, nichtwiedergutzumachende Mißverständnisse, zerbrochene Beziehungen, Groll und Ärger, die aus nicht beigelegten Meinungsverschiedenheiten stammen – dann scheint es in der Tat eine sehr attraktive Alternative, sich die Zeit zu nehmen, um sich dem zu widmen, was sich gerade in der Gruppe zuträgt. Zu diesem Zeitpunkt wird es wahrscheinlich erforderlich, daß Sie die Entscheidungsfindung verschieben und sich mit den Prozessen der Transformation von Konflikten beschäftigen. (Kapitel 9).

Überdenken Sie die folgenden spezifischen Fragen, wenn Sie mit einem Dissens konfrontiert werden bei der Konsens-Entscheidung:[1]

Haben die Leute, die anderer Meinung sind, ihre Einwände vorbehaltlos dargelegt, und die Sorgen, Werte und Gründe für ihre Einwände nicht vergessen?

Es mag für jeden nötig sein, durch Worte zur Erhellung der Befürchtungen beizutragen. Manchmal ist es nicht leicht, sich darüber klar zu werden, was genau die Einwände motiviert hat, besonders dann, wenn man sich in der schwierigen Lage befindet, mit seiner Meinung alleine dazustehen. Wenn Sie bei der Mehrheit sind, stimmen Sie vielleicht nicht mit der Person überein, die gegenteiliger Meinung ist. Nehmen Sie sich jedoch vor der Annahme in acht, daß die Kontrahentin nicht all ihre Befürchtungen dargelegt hat.

Haben alle Mitglieder der Gruppe genau zugehört und haben wir alle Verständnis für die Einwände derjenigen, die anderer Meinungen sind?

Eine Möglichkeit, sich der Solidarität der Gruppe für die Anerkennung der Minderheitsstandpunkte zu versichern, wäre es, wenn jedes Mitglied mit seinen Worten den Einwand wiedergeben würde, um dann die Gruppe wissen zu lassen, was sie tun würden, wenn dies ihr eigener Standpunkt wäre. Mit andern Worten, jede sollte sich vorstellen, sie befände sich in den Schuhen der Gegenpartei.

Welches grundlegende Prinzip der Einheit oder welcher Wert wird durch diese Situation ans Licht gebracht?

Dieser Wert oder dieses Prinzip braucht keins zu sein, das die Gruppe schon angesprochen hat. Sich des neuen, grundlegenden Wertes bewußt zu werden kann einen großen Einfluß auf den nächsten Schritt haben, den die Gruppe nimmt. Sollten Sie einen grundlegenden Wert feststellen, der schon ein Teil der Prinzipien Ihrer Gruppe ist, dann ist das ein Signal dafür, daß

die Gruppe an einem Wendepunkt ihres Wachstums angekommen ist.
Welche Entscheidungen sind möglich, die wir zu diesem Punkt fällen könnten, und welche dieser möglichen Entscheidungen spiegelt das Ziel unserer Gruppe und unsere Prinzipien der Einheit am besten wider?
Wenn Sie einmal alle Alternativen deutlich festgelegt haben und wenn einmal die Alternativen ausdrücklich mit dem zusammenpassen, wofür Ihre Gruppe wirklich einsteht, wird es Ihnen mit größter Wahrscheinlichkeit gelingen, eine Entscheidung zu fällen.

Beispiel: Sich entscheiden, wann das Meeting stattfinden soll

Dieses Beispiel macht die Unterschiede zwischen einer Kompromiß-Entscheidung (wo die Aufmerksamkeit auf das gerichtet ist, was die andern aufgeben) und der Konsens-Entscheidung (wo die Aufmerksamkeit auf das gerichtet ist, welche Vorteile jedes einzelne Mitglied und die ganze Gruppe davon hat). Die Entscheidung, wann das Meeting stattfinden soll, scheint nach außen hin eine relativ leichte und ziemlich unwichtige Entscheidung. Trotzdem bedeutet diese Art von Entscheidung, wie jede andere Entscheidung, die gleiche Herausforderung wie alle Entscheidungen und entlarvt die Werte und Stärken der Gruppe beim Aufbau einer Gemeinschaft.

In diesem Beispiel hat eine Gruppe Studenten, die an einem äußerst intensiven Ausbildungsprogramm teilnimmt, eine Selbsthilfegruppe gegründet, um miteinander zu lernen und die Fertigkeiten zu üben, die sie in einem sicheren und hilfreichen Rahmen lernen. Durch die Anforderungen ihrer Unterrichtspläne und ihres Privatlebens fällt es ihnen sehr schwer, eine passende

Zeit für ihre Zusammenkünfte zu finden. Dennoch besteht jede in der Gruppe hartnäckig darauf, daß sie einmal in der Woche zusammenkommen wollen. Sie alle spüren, daß der Nutzen, den sie aus der Gruppe ziehen, wichtig ist für ihr persönliches Wohlbefinden und sind überein gekommen, daß sie „alle in einem Boot sitzen" und sich verpflichten, zum gegenseitigen Erfolg des Programms beizutragen.

Kompromiß:
Nachdem die Gruppe eine Weile diskutiert hat, entscheidet sie sich zu einem Rund-um, um zu klären, welcher Zeitpunkt für alle günstig wäre. Einige würden gerne mittwochs zur Mittagszeit in der 90-Minuten-Pause zwischen dem Unterricht kommen. Andere kämen lieber Freitag nachmittags nach dem Unterricht. Diejenigen, die gegen den Mittwoch sind, meinen daß der Tag zu lang und zu anstrengend wäre, wenn man in die 90minütige Unterrichtspause auch noch ein Meeting stopfen würde. Die, die gegen den Freitag sind, haben das Gefühl, daß sie freitags nach dem Ende des Unterrichts zu erschöpft wären und nichts mehr aufnehmen könnten und deswegen nicht mehr an der Gruppensitzung teilhaben könnten.
Sue: Wie wäre es, wenn wir uns abwechseln mit den Tagen. Dann könnte jede kommen, wann es ihr paßt.
Sally: Dann würden wir wirklich in zwei separate Gruppen zerfallen – mir wäre das nicht so recht.
Randy: Einen Augenblick, bitte. Ich habe eine Möglichkeit vorgeschlagen: uns nämlich mittwochs vor dem Unterricht zu treffen, wenn wir alle munter sind und nicht erschöpft. Niemand hat mir zugehört. Was für eine Gruppe ist das eigentlich?
Die Gruppe entschließt sich wieder für ein Rund-um. Sie will sich vergewissern, daß sich jede Gedanken gemacht hat über Randys Vorschlag und um zu sehen, ob andere noch neue Vorschläge haben.

Amanda: Nun, es sieht so aus, als ob die meisten sich für Freitag entschieden haben. Vermutlich werden wir nie eine Zeit finden, die allen paßt. Können wir uns nicht so einigen, daß wir uns wenigstens sechs Wochen lang freitags zu treffen und dann können wir immer noch auf eine andere Zeit wechseln, wenn alle das wollen.
Alle stimmen resigniert zu. In diesem Szenario hat die Gruppe mit einem Mehrheitsbeschluß abgestimmt, damit sie die Zeit, die ihr am besten paßt, nicht aufgeben muß. Keiner verläßt das Meeting und ist so richtig zufrieden.

Konsens:
Am kommenden Freitag trifft sich die Gruppe tatsächlich und alle sind anwesend. Während des Check-In betonen mehrere, daß sie ziemlich erschöpft sind und nicht mehr viel aufnehmen können und daß vielleicht ein anderer Zeitpunkt für das Meeting günstiger wäre. Auf der Tagesordnung war vorgesehen, mehrere Sitzungen für praktische Übungen vor der Zwischenprüfung zu planen. Amanda teilt der Gruppe mit, daß sie über das Zeitproblem für die Meetings nachgedacht hat und der Gruppe wenigstens ein paar ihrer Überlegungen mitteilen möchte, bevor sie mit der Tagesordnung anfingen.
Amanda: Hört zu, ich bestehe nicht drauf, daß wir wieder mit der Sache anfangen, wenn also keiner darüber diskutieren möchte; wenn ich Euch meine Gedanken mitgeteilt habe, dann ist das für mich in Ordnung. Aber was ich mir überlegt habe, ist folgendes: ich glaube, wir sollten uns mehr darauf konzentrieren, weshalb wir das alles tun wollen – nämlich: eine Selbsthilfegruppe für uns alle zu sein. Sogar wenn wir wirklich kommen wollen, gelingt uns das nicht immer, denn es kann immer wieder etwas dazwischenkommen. Aber wir wollen uns zu keiner Zeit treffen, die jemand anders daran hindert zu kommen (weil wir zum Beispiel arbeiten müssen). So habe ich mir überlegt,

wie wäre es, wenn wir eine Selbsthilfegruppe wären, die nicht ausschließlich von einer bestimmten Zeit für das Meeting abhängt? Wir haben zum Beispiel alle Telefon – wir könnten es benutzen, um Worte der Ermutigung oder Witze weiterzugeben – nicht nur Schneewarnungen. Wir könnten uns auch zu einer Zeit treffen, wenn wir uns alle sehr angeschlagen fühlen und Hilfe nötig haben, und ich glaube, daß es sehr hilfreich wäre, wenn ich wüßte, wann und wo sich die Gruppe trifft und was auf dem Programm steht. Wenn ich dann nicht kommen kann, weiß ich, was ich verpasse und kann immer mit jemand in Verbindung treten, der da war.

Jo: Was Du sagst, Amanda, macht wirklich Sinn. Es stimmt genau mit dem überein, was ich nach unserer letzten Auseinandersetzung gedacht habe. Ich war so entmutigt durch das, was gesagt wurde, daß ich mich gefragt habe, wie dieser Beistand beschaffen sein würde, den wir uns da gegenseitig geben sollten, wenn wir uns noch nicht einmal darüber einigen konnten, wann unser Meeting stattfinden sollte und wir dann noch ein gutes Gefühl wegen der Entscheidung haben sollten. Ich war nach dem Meeting völlig fertig und habe mich gefragt, was schief gelaufen sein könnte.

Sue: Ihr habt recht. Nach unserm letzten Meeting gefiel mir mein Vorschlag, uns an unterschiedlichen Tagen zu treffen, auch nicht. Sally hatte ganz recht, als sie sagte, dann würden wir bestimmt in zwei einzelne Gruppen zerfallen. Ich glaube, daß ein regelmäßiger Tag, an dem das Meeting immer zur gleichen Zeit stattfindet, wichtig ist, weil wir immer wissen, wie und wo wir zusammenkommen, wenn wir die Gruppe wirklich brauchen.

Sally: Noch etwas ist wichtig, was Amanda erwähnt hat – wir müssen alle wissen, was sich von einer Woche zur andern abspielt, damit wir entscheiden können, ob es sich lohnt, zu kommen. Ich möchte, daß diese Gruppe sinnvoll und wichtig ist, keine Friede-Freude-Eierkuchen-Party, obgleich ich natürlich hoffe, daß wir auch mal feiern! Aber wenn ich so richtig müde und gestreßt bin, muß ich wissen, was die Gruppe vorhat, damit ich eine gute Entscheidung fälle und mir die Mühe mache, da zu sein.

Randy: Was passiert, wenn nur ein oder zwei Leute erscheinen und mehr Leute gebraucht werden, um anderen mit ihren Übungen zu helfen, aber der Rest beschlossen hat, daß es nicht die Mühe wert ist, zu erscheinen? (Jede denkt über diese Möglichkeit nach.)

*Stephani*e: Wir könnten übereinkommen, daß diejenigen, die zum Meeting gehen mit der Absicht zu üben und wissen, daß sie jemanden brauchen, der ihnen dabei hilft, uns alle im Unterricht informieren, damit der Rest sich darüber klar werden kann, wie wichtig das für die anderen ist und sich vornimmt, hinzugehen und zu helfen. Das bedeutet für mich schließlich Hilfe – sich gegenseitig zu helfen und nicht nur Hilfe für sich zu erhalten. Aber ich würde auch gerne wissen, was meine Freunde brauchen.

Melanie: Und ich möchte, daß die Zeit, die wir miteinander verbringen, produktiv ist und keine Zeitverschwendung. Ich würde sehr gerne kommen, auch wenn es mir einmal nicht so gut paßt, wenn wir uns alle dafür einsetzen, daß wir etwas davon haben.

(Alle machen eine Pause, um dieses Mal anzukündigen, daß sie keine weiteren Standpunkte vorzutragen haben.)

Amanda: Ich hab mir Notizen gemacht. Ich lese Euch vor, was ich habe: Wir brauchen jede hier, wenn die Gruppe zusammenkommt, damit wir etwas planen können. Jede muß im voraus wissen, welches Thema und welche Aktivität auf dem Programm steht. Wir möchten über alle persönlichen Bedürfnisse Bescheid wissen, bevor die Gruppe zusammenkommt, wenn das möglich ist. Wir möchten die Zeit produktiv und hilfreich gestalten, damit

wir uns gegenseitig helfen. Gibt es bis hierher noch irgendwelche Wortmeldungen?
Die Gruppe bestätigt Amandas Zusammenfassung und macht ein paar Vorschläge, um sie ein wenig zu verbessern. Sie beschließen dann, daß sie bei Freitag bleiben werden. Schließlich sind sie alle gekommen und obwohl sie alle erschöpft waren, wurde das Meeting für alle zu einer stimulierenden Erfahrung. Sie entscheiden sich, am Ende des Semesters erneut darüber nachzudenken. Ganz besonders aber werden sie darüber nachdenken, wie sie die Möglichkeit einschätzen, sich gegenseitig zu helfen. Sie sind sich alle einer Meinung, daß jede für die Diskussion anwesend sein muß und die Leute zeigen sich dazu bereit. Stephanie verspricht, das nächste Meeting einzuberufen und eine vorläufige Fassung für einen Übungsplan für alle vorzulegen, damit sie über diesen Plan am nächsten Freitag kurz sprechen können, um dann mit den Übungen ihrer praktischen Fertigkeiten zu beginnen.

8

Ankommen: Beenden

Beenden ist:

Die Effektivität der Gruppe beurteilen.
Selbsterkenntnis und Kenntnis der Gruppe erhalten.
Die Kommunikation innerhalb der Gruppe stärken.
Sich auf den Prozeß konzentrieren statt auf das Produkt.
Liebe und Respekt für Individuen und die Gruppe zum Ausdruck bringen.

Beenden ist die Zeit, wenn jedes Mitglied der Gruppe die anderen an seinen Gedanken und Gefühlen teilhaben läßt, die ihm zu dem, was sich während des Meetings zugetragen hat, in den Sinn kamen, und sich dazu äußert, was es als nächstes vorhat.
Das Beenden eines jeden Mitglieds ist eine Aussage, die sich aus drei Beiträgen zusammensetzt:
Einer Anerkennung für irgendjemand oder irgendetwas, das im Verlauf des Meetings geschehen ist.
Einem kritischen Kommentar, der der Gruppe konstruktive Einsichten in den Prozeß der Gruppe vermittelt.

Einer Affirmation, die Ihrem Engagement für die Weiterentwicklung der Arbeit der Gruppe und Ihrem eigenen persönlichen Wachstum Ausdruck verleiht.

Wenn das Meeting unter Anwendung dieses Verfahrens beendet wird, ist gewährleistet, daß die Gruppe offen bleibt, ständig Alternativen mit Einfallsreichtum zu erforschen und die Erfahrungen der Gruppe umsetzt, die Zukunft zu gestalten. Beenden ist ein Prozeß, der die Absicht und das Engagement eines jedes Individuums und die Prinzipien der Einheit der Gruppe vereint. Mit dem Vorgang des Beendens wird die Stärkung jedes einzelnen Individuums und die der Gruppe grundsätzlich verfolgt.

Obgleich Beenden ein das Wachstum fördernder Bestandteil von *Peace und Power* ist, erscheint es am Anfang ziemlich riskant. Sehr häufig kommt es während des Beendens vor, daß Gefühle, die in den Diskussionen unterschwellig vorhanden waren, während des Meetings offen zur Sprache kommen, etwas, was in typischen Gruppen keine Gepflogenheit ist. Ironischerweise werden Gefühle der Liebe und Anerkennung für gewöhnlich auch nicht erwähnt, weil die Leute fürchten, daß man sie mißversteht oder sie falsch interpretiert. Ärger und verletzte Gefühle werden besonders vermieden, weil es sich ganz einfach nicht gehört, daß sie offen zur Sprache kommen. Während des Beendens geben die Gruppenmitglieder, das, was sie fühlen, auf konstruktive Weise zu, damit jeder in der Gruppe ein besseres Verständnis für andere und für die Gruppe entwickeln kann. Wenn das geschieht, profitiert jeder davon, daß er weiß, was sich wirklich ereignet im Inneren eines Individuums oder auch innerhalb der Gruppe. Wenn Ihre Gruppe die Fertigkeit übt, die für das Beenden benötigt wird, dann schafft sie eine wichtige Grundlage für die Fertigkeiten, die für die Transformation von Konflikten benötigt werden (Kapitel 9).

Der Prozeß des Beendens

Wenden Sie den Prozeß des Beendens an, um Meetings zu schließen oder um langwierige oder intensive Diskussionen über ein einzelnes Thema zu beenden. Das trifft besonders auf Meetings zu, die einen Tag oder länger andauern. Wenn die Zeit des Schließens bevorsteht, setzen Sie die Diskussion aus und lenken Sie die Konzentration der Gruppe darauf, daß sie sich Gedanken macht über den Prozeß der Gruppe. Damit jede aus dem Beenden Vorteile hat, muß jedes Mitglied, das beim Meeting anwesend ist, für das Beenden mit ganzem Herzen anwesend sein.

In den frühen Stadien der Eingewöhnung, aber ganz besonders, wenn die Entscheidungsfindung Ihre Zeit überstrapaziert hat, fühlt man sich manchmal versucht, das Beenden zu umgehen. Das ist äußerst unklug, denn gerade das Beenden ist ein Prozeß, der gewährleistet, daß Sie und Ihre Gruppe nicht unbewußt in Gewohnheiten und Praktiken zurückfallen, die die Werte von *Peace und Power* unterminieren. Wenn Sie einmal die Vorteile des Beendens am eigenen Leib erfahren haben, wird Ihre Gruppe sich dafür einsetzen, daß die Zeit miteinkalkuliert wird, die man am Ende jedes Meetings braucht. Eine Methode, um die Zeit zu schätzen, die man benötigt, ist die, daß man für jedes Mitglied ungefähr eine Minute einplant, um am Ende des Meetings ein paar Worte zu sagen. Wenn es sich um ein Meeting handelt, das eine Stunde dauert, dann sollte man ungefähr zehn Minuten für das Beenden einplanen. Wenn die Versammlung sich aber über einen Tag oder länger hinzieht, sollte man mindestens eine Stunde oder mehr berücksichtigen. Zu dem festgesetzten Zeitpunkt braucht jedes Mitglied der Gruppe ein paar Minuten, um in Ruhe darüber nachzudenken, was sich während der Diskussion zugetragen hat und um die Notizen zum Meeting noch einmal durchzusehen. Dann spricht jede

Person ihre Anerkennung, ihre kritische Betrachtung und eine Affirmation aus.

Anerkennung

Die Anerkennung bestätigt etwas, das jemand getan oder gesagt hat oder erkennt eine positive Gruppen-Interaktion an. Sie ist eine kurze, aber bedeutungsvolle Aussage. Dies ist die Zeit, um sich und die andern liebevoll zu fördern, indem Sie sie teilhaben lassen an Ihren Gedanken, wie für Sie und die Gruppe ein Ereignis auf ganz besondere Weise zum Vorteil wurde. Wenn zum Beispiel der Kommentar eines Mitglieds zur Diskussion zu einem Wendepunkt geführt hat, der ursächlich dafür war, daß ein Punkt für Sie geklärt wurde, und die Diskussion der Gruppe sich dadurch auf einer anderen Ebene abspielte, dann würden Sie diesem Kommentar Ihre Anerkennung aussprechen und die Gruppe wissen lassen, wie und weshalb dieser Kommentar für Sie und die Gruppe so wichtig war.
Eine Anerkennung setzt sich aus folgenden Bestandteilen zusammen:
Dem Namen derjenigen, die verantwortlich sind für das, was Sie für anerkennungswert halten.
Eine kurze Wiedergabe ihrer besonderen Handlung oder ihres Verhaltens.
Die andern teilhaben lassen an dem, was dies für Sie bedeutet.
Ihre Gedanken darüber, was das in bezug auf die Ziele der Gruppe und die Prinzipien der Einheit bedeutet.
Ein Beispiel für diese Form der Anerkennung wäre:

„Ich möchte Dir zu Deiner Führung meine Anerkennung aussprechen, Amanda, weil es Dir gelungen ist, daß wir unsere persönlichen Bedürfnisse und Nöte geringer achteten als unsere gemeinsamen Ziele. Ich habe so viel gelernt durch das, was

Du getan hast und wie Du unsere Diskussion dahin gelenkt hast, daß wir so gut zusammen gearbeitet haben. Vielen Dank".

Die kritische Bewertung

Eine kritische Bewertung, die auch Kritik genannt wird, ist eine vorsichtige, präzise, nachdenkliche Einsicht, die auf die Transformation gerichtet ist. Sie ist ein Werkzeug dafür, daß man sich der Aktionen und Verhaltensweisen bewußt wird, die eine ungerechte Gesellschaft am Leben erhalten. Sie gedeiht zum positiven Gruppenprozeß, wenn die Gruppe zur gleichen Zeit auch ein Umfeld aus Liebe und Respekt aufrechterhält. Wenn sie Kritik mit der Verpflichtung zu den Werten von *Peace und Power* anwenden, dann ist das eine mächtige Fähigkeit, um der Zustimmung zu dem näherzukommen, was getan wird und weshalb es getan wird. Eine Gruppe ist eher in der Lage, einig zu bleiben und weiterhin zusammenzuarbeiten, wenn das Vorankommen mühsam ist, wenn sie sich durch Uneinigkeit und Zweifel durchkämpft.
Eine kritische Betrachtung ist wie die Kritik in der Kunst, wo es von der kritischen Einstellung zu sich selbst und den konstruktiven kritischen Beiträgen anderer abhängt, ob Ihre Beiträge zur Kunst den höchsten Gipfel erreichen. Diese Form der Kritik entlarvt die Aussage Ihrer Arbeit und enthüllt, welche kreativen Möglichkeiten noch entwickelt werden können.
Ein Kunstkritiker bringt der Kunst Einblicke und Interpretationen, die anderen helfen, das, was der Künstler geschaffen hat und was die Kunst für die Kultur als Ganzes bedeutet, besser zu verstehen. Der Kritiker verkündet nicht die „richtige" Ansicht über die Kunst, aber er liefert eine kenntnisreiche, gut fundierte Interpretation der Kunst, die andern zu einem besseren Verständnis der Kunst verhilft, wenn sie auch nicht der gleichen Meinung wie der Kritiker sind.

In den Prozessen von *Peace und Power* stellen die kritischen Betrachtungen, die Sie in die Gruppe einbringen, das Beste dar, was Sie zu bieten haben, so wie die Absicht, jedem dabei zu helfen, das besser zu verstehen, worum es in der Gruppe geht. Wenden Sie die folgenden Richtlinien an, besonders wenn Sie sich noch in einem Lernprozeß befinden, um Ihre kritische Betrachtung in Worte zu kleiden, damit Sie Ihre eigenen Befürchtungen zugeben, und den Inhalt in allen Einzelheiten und deutlich darstellen. Das alles sollten Sie befolgen, damit Ihre Betrachtung womöglich von andern in der Gruppe angehört wird und bei ihnen ankommt.[1]

Eine kritische Betrachtung, die das Wachstum fördert und konstruktiv ist, muß folgendes enthalten:

Ich bin ... (Ihre eigenen Gefühle zu dem, was geschehen ist.)

Wenn ... (eine besondere Handlung, ein Verhalten oder ein Umstand, der im Mittelpunkt Ihrer Überlegungen steht.)

Ich möchte ... (besondere Veränderungen, die Sie sich wünschen.)

Weil ... (wie Ihre Befürchtung in Verbindung steht mit den Prinzipien der Einheit der Gruppe.)

Später in diesem Kapitel, in dem Abschnitt, der den „Hilfreichen Tips", der „Hausarbeit" und den „Wie's gemacht wird"- Ratschlägen gewidmet ist, sind noch zusätzliche Richtlinien für die Formulierung einer konstruktiven kritischen Betrachtung zu finden. Ein Beispiel für diese Form der Aussage ist das folgende:

Ich mache mir Sorgen, weil wir unsere Diskussion über den Plan zum Meeting der neuen Mitglieder nächste Woche übersprungen haben. Ich möchte, daß sich wenigstens vier von uns entweder nach diesem Meeting oder morgen treffen, um einen Plan für nächste Woche zu machen. Wir haben uns dazu verpflichtet, ein Beispiel für Kompetenz und Vertrauen in unsere Zusammenarbeit zu geben und jetzt ist es ganz besonders wichtig, weil wir unsere Gruppe möglichen neuen Mitgliedern vorstellen wollen. Sue, Jen und Amanda – wärt Ihr oder jemand anders bereit, mit mir an diesem Projekt zusammenzuarbeiten?

Affirmation

Am Schluß des Drei-Schritte-Vorgangs, der zum Beenden führt, steht eine Affirmation, die der Gruppe den Weg weist, auf welchem man nach Wachstum für sich selbst und als Mitglied der Gruppe strebt. Affirmationen sind einfache Aussagen, die zu Ihrem inneren Selbst sprechen. Sie lenken Ihre Energie auf die heilenden, das Wachstum fördernde Aspekte Ihrer Arbeit mit der Gruppe. Sie sind machtvolle Werkzeuge, die Wachstum und Wandel in der Richtung schaffen, die Sie sich wünschen.[2]
Eine Affirmation spiegelt eine Wirklichkeit wider, die noch nicht völlig zu einem Teil Ihres Lebens geworden ist, aber Sie sprechen sie so, als ob sie schon eingetreten wäre. Die Affirmationen, die während des Beendens gesprochen werden, entstammen Ihren Erfahrungen in der Gruppe und stehen oft in Beziehung zu Ihren besonderen Anerkennungen und Ihren kritischen Betrachtungen. Sie entstammen auch den Bemühungen zur Vervollkommnung Ihres Inneren. Wenn Sie sich zum Beispiel einmal nicht klar sind über eine Entscheidung, dann wird Ihre Affirmation vielleicht so lauten: „Ich vertraue auf meinen eigenen inneren Instinkt und die Weisheit der Gruppe". Wenn Sie ein Konflikt bedrückt hat, dann mag sie so lauten: „Ich ruhe in unserer gegenseitigen Liebe."[3]
Am Anfang haben Sie vielleicht Schwierigkeiten, sich zu bestätigen. Bis Sie mit Leichtigkeit Ihre eigenen Affirmationen schaffen können, nehmen Sie eine Affirmation, die jemand anders vorschlägt. In dem Maße, in dem Ihr Gefühl der Selbstsicherheit wächst, werden Sie Ihre eigenen Affirmationen schaffen. Während Sie sich daran gewöhnen, Affirmationen als Mittel

einzusetzen, um Ihre Energie gezielt darauf zu verwenden, einen Wandel herbeizuführen, werden Sie so versiert, daß Sie Affirmationen während des Beendens formulieren, die Sie und Ihre Gruppe aus den Gegebenheiten der Gegenwart in eine Zukunft versetzen, die Sie wählen und erschaffen.
Im folgenden finden Sie Merkmale von Affirmationen:
Sie ist eine positive und einfache Aussage im Präsens.
Sie ist in Ihrer gegenwärtigen Realität verankert, dient aber als eine Brücke in die Zukunft, die Sie suchen.
Ein Beispiel für diese Form der Affirmation ist die folgende:
Ich bin bereit, die Liebe der Gruppe zu empfangen.

Wie's gemacht wird, hilfreiche Tips und Hausarbeiten

Weil das Beenden so wichtig ist, gibt es in den folgenden Abschnitten detailliertere Erklärungen und Vorschläge.

Lassen Sie Ihr Herz und Ihren Kopf eins werden

Die Vorbereitung auf die Teilnahme am Beenden macht gründliche Überlegungen erforderlich, damit man sich den Inhalt dessen, was man sagen will, genau vergegenwärtigt. Wenn man sich einmal des Inhalts der dreiteiligen Aussage sicher ist, kann man alles kurz und einfach wiedergeben.
Sie haben vielleicht noch nicht gelernt, andere an Ihren Reaktionen auf Situationen teilhaben zu lassen, während Sie sich noch in der Situation befinden. Wenn das der Fall ist, machen Sie sich keine Sorgen – Sie sind nicht die Einzige. Sich so zu verhalten, kommt nicht von selber und ist auf alle Fälle nicht leicht. Praxis ist wichtig. Was sogar noch wichtiger ist, ist eine Gruppe, die das weiß und liebevolle Unterstützung gewährt.

Eine Gruppe, die sich voll für das Wachstum jedes einzelnen Individuums einsetzt.

Die Notizen, die Sie sich während des Meetings gemacht haben, sind zum Zeitpunkt des Beendens von großer Wichtigkeit. Produktive Meetings sind selten langweilig und wenn die Diskussion sehr intensiv ist, haben Sie mit großer Wahrscheinlichkeit Gedanken und Gefühle gehabt, zu dem, *was* sich zugetragen hat und *wie* es gemacht wurde. Vielleicht hat sich Ihre Perspektive verändert, jetzt wo die Diskussion zu Ende ist. Vielleicht sind Sie sich bewußt geworden, daß Sie neue Einsichten gewonnen haben und daß Sie im Begriff sind, klarer zu sehen, wenn die Diskussion sich dem Ende nähert. Ihre Notizen liefern Worte und Ideen, die Sie aufschreiben, während all diese Dinge geschehen, damit Sie sie nicht vergessen, und Sie können den Prozeß in Ihrem Inneren an Ihrem geistigen Auge vorbeiziehen lassen, wenn die Zeit zum Beenden gekommen ist. Um Ihnen dabei behilflich zu sein, Ihre Gedanken zu ordnen, fragen Sie sich folgendes:

Hab ich *getan*, was ich *weiß* – hat mein Verhalten mit meinen Wertvorstellungen und unsern Prinzipien der Einheit übereingestimmt?

Waren meine Handlungen aufrichtig motiviert durch Liebe und Respekt für mich selbst, andere und die Gruppe?

War ich die ganze Zeit voll dabei und bewußt – oder bin ich an einem Punkt geistig weggetreten?

Bin ich mir der Konflikte oder Unterschiede bewußt, die wir noch ansprechen müssen?

Was hat sich zugetragen, das mein eigenes persönliches Wachstum und das Wachstum der Gruppe gefördert hat?

Welche Veränderungen möchte ich in meinem Verhalten machen?[4]

Den Verursacher genau benennen.

Eine der bekanntesten Macht-über-Mächte ist die Mystifizierung oder Geheimniskrämerei – Handlungen, die die Verantwortung für das, was geschieht, verdunkeln (siehe Kapitel 2). Manchmal ist es unbequem, die Verantwortung zu tragen, weil Ihnen das leid tut, was Sie tun oder getan haben. Oft ist es schwierig, Verantwortung zuzugeben wegen Schüchternheit oder falscher Scham. Manchmal fühlen Sie sich verpflichtet (wahrscheinlich ist das völlig unangebracht) ein „Geheimnis" zu wahren. Manchmal wiederum zögern Leute, den Namen von jemandem zu nennen aus Furcht, Sie könnten jemanden verletzen oder die Person in Verlegenheit bringen. Manchmal rührt das unbequeme Gefühl auch nur daher, daß man etwas nicht richtig durchdacht hat.

Um das zu ändern, überlegen Sie sich, weshalb es so wichtig ist. Ein Ereignis zu nennen oder einen Verursacher (oder mehrere) – besonders, wenn Sie der Verursacher sind – ist wichtig, damit Wachstum eintreten kann. Wenn Sie nicht wissen, was Sie verändern wollen oder wie Sie sich ändern sollen, können Sie keine positiven Schritte unternehmen, um das zu tun. Wenn Menschen undurchschaubar sind oder ein Problem rätselhaft erscheinen lassen, können andere spüren, daß etwas nicht in Ordnung ist und sie fragen sich, ob sie verantwortlich sind oder „Schuld haben" – sie beginnen einen Mangel an Vertrauen, Argwohn und Uneinigkeit zu empfinden. Den Verursacher zu nennen hilft jedem in der Gruppe den Zusammenhang der Fragen besser zu verstehen. Das ermöglicht der Gruppe nach vorne zu schauen und Vertrauen und Vertrauenswürdigkeit aufzubauen, weil alles zur Sprache kommt und jeder weiß, daß keine Geheimnisse oder versteckte Programmpunkte zurückbehalten werden.[5]

Überlegen Sie sich die folgenden Beispiele:

Rätselhafte Aussage: „Das Ausgabenkonto ist in den letzten paar Monaten gut geführt worden. Das wird die Vorbereitungen für unsere Steuerklärung für dieses Jahr außerordentlich erleichtern..." Obgleich jeder in der Gruppe wahrscheinlich weiß, wer die Buchführung in der letzten Zeit gemacht hat und wer die Steuerklärung vorbereiten wird, spart diese Aussage die Einzelpersonen aus und macht sie anonym. Das schafft Uneinigkeit, weil die Aussage andeutet, daß diejenige, die vorher die Bücher geführt hat, keine gute Arbeit geleistet hat (was Sie wahrscheinlich gar nicht gemeint haben, oder was vielleicht gar nicht stimmt).

Deutliche Aussage: „Ann, Du hast ausgezeichnete Arbeit geleistet mit der Kontenführung. Das wird eine große Hilfe für mich sein, wenn ich die Steuererklärung vorbereite." Diese Aussage läßt jeden in der Gruppe wissen, wie gut Ann ganz besonders ihre Aufgaben in der letzten Zeit erfüllt hat. Sie deutet an, daß Anne eine Fertigkeit hat, die andere vielleicht auch beherrschen möchten und daß Sie Ihre Aufgabe so verstehen, daß sie von der Arbeit abhängt, die andere verrichten. Da die Betonung auf der gegenwärtigen Situation liegt, wird die angedeutete rätselhafte Aussage über das, was sich in der Vergangenheit abspielte, hinfällig.

Rätselhafte Aussage: „Ich kann diese Unordnung nicht leiden!" Hier geben Sie die Tatsache zu, daß Sie die Unordnung sehen und daß Sie deswegen negative Gefühle empfinden. Das Verwirrende und Uneinigkeit schaffende an dieser Aussage stammt daher, daß jedes Mitglied der Gruppe sich die Frage stellen muß, ob Sie leicht irritiert, verärgert, wütend oder sonst noch was sind. Sie müssen sich auch fragen, ob Ihre Bemerkung an sie persönlich gerichtet war oder sie fragen sich, was sie getan haben könnten, um solch einen Gefühlsausbruch zu verursachen. Die Angelegenheit mit der Unordnung wird nur zu einem Mittel, um Ihren Gefühlen freien Lauf zu lassen, die von der Unordnung ausgelöst sein mögen oder sich auf eine Person in der Gruppe richten, die Ihrer Meinung nach verantwortlich für die Unordnung ist. Dieser Mangel an Deutlichkeit verursacht Mißtrauen, Argwohn und die Macht-über-Beziehungen, die Uneinigkeit schaffen.

Deutliche Aussage: „Diese Unordnung geht mir auf die Nerven. Ich weiß nicht, wer dafür verantwortlich ist, aber für mich scheint es schlimmer geworden zu sein seit Jane, Randy und Joan hier gewesen sind wegen ihres Publicity Meetings. Vielleicht brauchen wir mehr Platz, um die Utensilien für die Kunst unterzubringen. Oder vielleicht sind wir alle ein bißchen nachlässig, wenn es ums Aufräumen geht. Ich bin bereit, mir eine Lösung einfallen zu lassen. Was halten die andern davon?" Hier geben Sie zu, daß Sie sich nicht sicher sind, wer verantwortlich ist und diese Unsicherheit ist umso glaubwürdiger, weil Sie eine Gruppe benennen, die vielleicht mehr dazu beiträgt als andere. Sie bieten ebenfalls eine mögliche Lösung an und geben Ihre Absicht kund, daß Sie zu der Lösung beitragen werden. Das lädt zur Diskussion ein und Sie sind für die Gruppe verfügbar, falls sie feststellt, daß sie Ihre Zwanghaftigkeit wegen der Unordnung irritiert. Sie haben dem Mißtrauen keine Chance gegeben und Vertrauen und Einigkeit kann in der Gruppe wachsen wegen der Botschaft, „daß das ein Problem ist, das uns alle gemeinsam angeht."

Präzisieren Sie Ihre Gefühle und Beobachtungen

Eine Aussage über Ihre Gefühle ist eine präzise Mitteilung darüber, was sich in Ihrem Innern abspielt. Sie enthält keine geheime Botschaft darüber, was jemand getan hat oder gerade tut... Eine Aussage über eine Beobachtung ist eine deutliche Beschreibung von dem, was Sie oder jemand anders getan oder gesagt haben. Eine Beobachtung enthält keinen Hinweis darauf, was Ihrer Meinung nach jemand anders gemeint hat und was sie Ihrer Vermutung nach beabsichtigt haben.

Da es riskant ist, Gefühle zuzugeben oder sie auszudrücken, neigen die meisten dazu, nur Andeutungen darüber zu machen, was jemand anders tut oder sagt. Wenn man einer Person nachsagt, sie sei „arrogant," so heißt das, daß Sie der Person gegenüber Gefühle hegen. Wenn Sie zugeben, daß Sie eifersüchtig sind oder jemanden als Konkurrentin empfinden, weil sie das, was sie tut, gut macht, dann kann man Ihre Gefühle nicht mißverstehen. Wenn Sie sich über Ihre Gefühle im klaren sind, dann vermeiden Sie, andere Menschen abzustempeln, ihnen die Schuld zuzuweisen oder Schuldgefühle bei ihnen auszulösen. Vergleichen Sie die folgenden Aussagen:

Interpretative Schuldzuweisung: „Ich fühle mich zurückgewiesen, ich bin nie dabei, wenn etwas geschieht." Obgleich die Sprecherin das Wort „fühlen" verwendet, vermeidet diese Aussage wirkliche Gefühle, wie Ärger, Verdruß oder Schmerz und deutet an, was andere tun oder nicht tun. Die lapidare Aussage „ ich bin nie dabei" fordert auf zu Abwehrreaktionen und Ärger von anderen in der Gruppe. Vielleicht meinen Sie, daß man Sie ablehnt wegen einer Angelegenheit, die sich zugetragen hat, aber Sie empfinden Ärger, Schmerz oder Furcht ganz unabhängig davon, was die andere Person beabsichtigt hat oder wie sie sich verhalten hat.[6]

Konstruktive Aussage: „Ich bin verärgert, weil ich nicht wußte, daß sich die Zeit für unser Meeting geändert hatte." Diese Aussage gibt genau das wieder, was Sie jetzt gerade empfinden, gibt das an, was sich zugetragen hat und kann zu einer konstruktiven Antwort führen. Diese Antwort könnte ein Mißverständnis klären. „ Ich war enttäuscht, weil Du nicht zu dem Meeting gekommen bist, ich hatte Dich erwartet, weil ich eine Nachricht in Deinen Türrahmen gesteckt habe am Dienstag

Nachmittag. In Zukunft werde ich mich vergewissern, daß Du die Nachricht direkt bekommst."

Interpretative, schuldzuweisende Aussage: „Sue, Du bist verantwortungslos". Diese Aussage weist Sue eine Charaktereigenschaft zu, die völlig unangebracht ist. Sue als verantwortungslos abzustempeln, heißt, daß sie in ein Kästchen gesteckt wird, das keine Öffnungen hat. Ihre Aussage ist eine Verurteilung, die Sue und alle andern in der Gruppe einschüchtert, Uneinigkeit schafft und jede Diskussion unterbindet.

Konstruktive Aussage: „Sue, ich bin verärgert, weil Du zu den letzten vier Meetings eine halbe Stunde zu spät gekommen bist. Wenn Du hereinkommst, lenkt das die Gruppe immer ab. Ich möchte eine Diskussion unter uns allen darüber anregen, wie man Wege finden könnte, um mit diesem Problem umzugehen."

Diese Aussage bringt Ihre Gefühle deutlich zum Ausdruck und erläutert das Verhalten, das Sie beobachtet haben und wie sich das auf die Gruppe auswirkt. Zweifellos wird es Susan unangenehm sein, daß ihr Zuspätkommen Anlaß zu einer Diskussion in der Gruppe wird. Dadurch, daß alle gebeten werden, sich zu diesem Punkt zu äußern, kann Sue mit der Antwort warten und aus den unterschiedlichen Perspektiven einen Vorteil ziehen. Die Mitglieder der Gruppe können alle an einer Diskussion teilnehmen, um das Problem zu lösen, ohne Sue ins Rampenlicht zu stellen und ohne zu erreichen, daß sie sich schuldig fühlt. In diesem Beispiel weiß jede, daß Sue ständig zu spät kommt, aber keine weiß, warum und ob etwas im Gange ist, worüber sie alle sprechen sollten. Wenn die Diskussion einmal begonnen hat und jede bereit ist, einen Teil des Problems auf sich zu beziehen, kann Sue darauf zu sprechen kommen, welche Umstände in ihrem Leben dazu geführt haben, daß sie zu spät kommt oder sie kann teilnehmen an den Überlegungen, wie die Zeit für das Meeting geändert werden kann. Sie kann aber auch beides tun. Wenn Sie sich versucht fühlen, nicht über das Thema zu sprechen, weil Sie wissen, daß es Sue peinlich ist, dann denken Sie über die Alternativen nach. Ihre Verärgerung würde wahrscheinlich zunehmen und Ihr Verhältnis zu Sue trüben. Wenn sich andere wegen dieses Problems auch den Kopf zerbrechen, werden auf Sue viel peinlichere Dinge aus der Gruppe auf sie zukommen, während die Verärgerung der andern wächst.

Wie Sie genau das sagen, was Sie wollen

Wenn Sie an etwas Kritik üben, das getan werden muß oder das verändert werden muß, drücken Sie das, was Sie wollen, deutlich und präzise aus. Konzentrieren Sie sich auf das, was Sie wirklich wollen. Wenn Sie sagen, was Sie wollen, so ist das keine Forderung. Es heißt auch nicht, daß die Gruppe bereit ist, Ihnen zu geben, was Sie wollen. Durch Ihre Kritik setzen Sie etwas in Gang: die Gruppe muß sich nämlich für eine Lösung entscheiden, oder sie muß konstruktiv zu Ihrer Kritik Stellung nehmen. Wenn sich herausstellt, daß Ihre Kritik andern in der Gruppe nicht paßt, kann die Gruppe das bereinigen und sich dann immer noch mit Ihrem Problem beschäftigen.
Typische Angewohnheiten der hierarchischen Kultur führen zu zwei Entwicklungen: Sie sagen, was Sie nicht wollen oder Sie deuten nur an, was Sie wollen durch eine indirekte, vage Bemerkung. Vergleichen Sie die Effektivität jeder der folgenden Aussagen:
Konstruktive Aussage von dem, was Sie wollen: „Ich möchte, daß zwei junge Leute bei diesem Projekt mithelfen."
Sie sagen, was Sie nicht wollen: „ Ich glaube nicht, daß zu viele junge Leute bei diesem Prokejt mithelfen sollten".
Sie deuten nur indirekt an, was Sie wollen: „Die jungen Leute in dieser Gruppe sind einfach nicht bereit, sich auf etwas einzulassen."

Die Reaktion auf Anerkennung und Kritik

Das Schwierigste, was es zu lernen gibt, ist die Fähigkeit, wie man sowohl Anerkennung als auch Kritik annimmt. Sich Anerkennung oder Kritik ganz besonders vor einer Gruppe anzuhören, ist nicht leicht, wenn sie auch noch so gut vorgebracht wird. Wenn Sie eine Anerkennung erhalten, müssen Sie folgendes beachten:

Hören Sie aufmerksam zu, bis die Person, die die Anerkennung ausspricht, ihren Gedankengang beendet hat. Eine Anerkennung ist nicht nur für Ihre Ohren bestimmt, sie ist für die ganze Gruppe bestimmt, damit sie daraus lernt und durch die Erfahrung wächst. Ihre Antwort wird diesen Prozeß unterbrechen.

Meistens brauchen Sie nur zuzuhören. Wenn Sie mit Worten in der Gruppe antworten, nehmen Sie die Anerkennung liebenswürdig an. Besonders für Frauen ist es typisch, Komplimente als übertrieben abzutun oder herunterzuspielen. Man neigt dazu, etwas wie „Oh, das war doch nichts", oder „Ich hätte es besser machen können" zu sagen. Diese Antworten werten die Person, die die Anerkennung ausgesprochen hat, ab und beeinträchtigen die wachstumsfördernde Wirkung, die die Anerkennung und Ihre eigenen Handlungen für die ganze Gruppe haben könnte.

Wenn Sie Kritik erhalten, tragen Sie auf wenigstens vier verschiedene Weisen Verantwortung:

Hören Sie genau zu und vergewissern Sie sich, daß Sie deutlich verstehen, was kritisiert wird.

Warten Sie, um die Ansichten anderer in der Gruppe zu hören. Unterschiedliche Menschen nehmen eine Situation auf unterschiedliche Weise wahr und wenn Sie sich das anhören, werden Sie besser beurteilen können, wie gut die Kritik an Ihnen „ins Schwarze trifft".

Ihr inneres Gespür wird Ihnen sagen, wie genau oder wie fair die Kritik ist. Manchmal wissen Sie sofort, daß sie fair ist. Oft werden Sie ein paar Minuten oder ein paar Tage benötigen, um über die Kritik nachzudenken und sie zu verdauen.

Antworten Sie auf konstruktive Weise. Wenn die Kritik fair ist, dann ist es am konstruktivsten, eine Reaktion durch Ihr Verhalten zu zeigen – Sie nehmen sich die Kritik zu Herzen und versprechen, Ihr Verhalten zu ändern. Wenn Sie der Ansicht sind, daß die Kritik unfair ist, dann lassen Sie die Gruppe an Ihren Gedanken teilhaben.

Auf Kritik ohne Aggressivität und Entschuldigungen zu reagieren, ist schwierig und oft erkennen Leute nicht einmal diese gewohnheitsmäßigen Reaktionen. Agressivität oder Entschuldigungen tragen nicht zu Ihrem eigenen Wachstum bei, auch nicht zu dem der Gruppe oder dem anderer. Vergleichen Sie die folgenden Antworten:

Konstruktive Antwort: „Ich glaube, Du hast recht, Jane. Ich werde mich bemühen, hier zu sein, wenn unser Meeting anfängt." Wenn Sie jedoch der Meinung sind, daß die Kritik unfair ist: „Ich komme auch nicht gerne zu spät. Aber Du hast nicht bedacht, daß ich mit dem Bus fahren muß, Jane. Ich frage mich, ob unsere Gruppe sich später treffen kann, damit ich mich nicht zum Meeting verspäte, falls der Bus unpünktlich ist."

Aggressive Antwort: „Ich glaube schon, daß Jane recht hat, aber ich tu, was ich kann, um hier zu sein." Oder: „Seid nicht so kleinlich, ich bemühe mich wirklich." Wenn Sie der Ansicht sind, daß die Gruppe Ihren Beitrag nicht anerkannt hat, dann lassen Sie die Gruppe teilhaben an Ihren Gedanken, aber konzentrieren Sie sich auf das, wie Sie sich in Zukunft im Hinblick auf Ihr Zuspätkommen verhalten wollen und sagen Sie, was Sie dazu empfinden und denken.

Entschuldigung: „Ich weiß, daß Jane recht hat und es tut mir sehr leid. Was kann ich dazu noch sagen?" Sie könnten wahrscheinlich noch viel mehr sagen, um der Gruppe bei der Besprechung dieses Problems behilflich zu sein. Sie können auch handeln. Sie können nämlich Schritte unternehmen, um das Problem selber in den Griff zu bekommen. Einfach zu sagen, daß es Ihnen leid tut, ändert nichts an der Tatsache und bringt weder Sie noch die Gruppe weiter. Wenn Ihnen das, was geschehen ist, wirklich leid tut, lassen Sie die andern an diesen Gefühlen teilhaben und schlagen Sie vor, was Sie und die Gruppe aus dieser Situation lernen können.

Die Zusammenfassung all dessen.

Während Sie gelesen haben, wie man konstruktiv über Probleme spricht, haben Sie vielleicht völlig vergessen, wie sich alles mit einer Gruppe vereinbaren läßt. Die folgende Situation bietet ein Beispiel dafür, wie eine Gruppe mit einer kritischen Betrachtung arbeiten kann. Dieses Beispiel beginnt mit einer kritischen Betrachtung, die am Ende eines Meetings vorgebracht wird, als es Justa immer mehr bewußt wird, daß ihre Bemerkung, die sie zu Adrienne, einer jüngeren Frau gemacht hatte, altersbedingte Implikationen enthielt. Beim Beenden teilt Justa den andern ihre Kritik mit:
Mir ist die Bemerkung, die ich vorhin zu Adrienne gemacht habe, äußerst peinlich: „Wenn Du älter wirst, Adrienne, wirst Du verstehen." Ich möchte meinen eigenen Bezug zum Alter überprüfen, weil ich mich verpflichtet habe, einen sicheren Raum hier zu schaffen und ich bin der Ansicht, daß die Auswirkung meiner Bemerkung sich für diesen Prozeß als störend und behindernd erweisen wird, und zwar nicht nur für Adrienne, sondern auch für die andern.
Zuerst antwortete Adrienne nicht. Zwei andere Frauen in der Gruppe versuchten Justa zu beruhigen und sagten, daß ihre Bemerkung keine Beleidigung war, die auf Altersunterschiede anspielte. Sie waren der Ansicht, daß die Bemerkung eher die

Absicht Justas widerspiegle, Adrienne „helfen" zu wollen. Andere in der Gruppe begannen jedoch ihre Ansichten mitzuteilen, die die Implikationen der Bemerkung, die auf die Altersunterschiede anspielte, bestätigten.

Nachdem Adrienne sich die Ansichten der andern angehört hatte und noch einmal sorgfältig nachgedacht hatte, konnte sie sich der eigenen Gefühle bewußt werden. Sie teilte der Gruppe mit, daß sie verärgert war, als sie die Bemerkung hörte, aber sie war nur voreingenommen zu dem Zeitpunkt. Zuerst war sie innerlich mit sich ins Gericht gegangen und ihr Verstand sagte ihr, daß Justa aufrichtig war und deshalb keine negativen Gefühle haben konnte. Sie gab zu, daß sie ohne den Standpunkt der Gruppe das Meeting mit einem Gefühl verlassen hätte, daß sie auf Distanz zu Justa bleiben sollte, ein Gefühl, daß sie nicht zur Gruppe gehörte, da die meisten älter als sie waren und ihr ihre eigene Realität absprachen. Sie fügte hinzu, daß ihr wahrscheinlich gar nicht bewußt gewesen wäre, weshalb sie so dachte. Jetzt, wo sie offen zur Gruppe sprach, konnte sie zugeben, was sich zugetragen hatte und ihre Überlegungen halfen der Gruppe, sich die Bedeutung dieser Angelegenheit zu Herzen zu nehmen. Als Adrienne die Aufmerksamkeit der Gruppe auf *ihre* Realität gelenkt hatte, wurde sich jede viel mehr der Bedeutung bewußt, daß Hinweise auf den Altersunterschied Uneinigkeit schaffen.

Kritik als Hausarbeit.

Manchmal kann man beim Beenden nicht klar denken und nicht anschaulich sprechen. Oft ist das den Leuten erst wieder nach dem Beenden möglich. Das gibt Ihnen die Gelegenheit, an sich zu Hause zu arbeiten, besonders was die kritischen Betrachtungen anbelangt. Wenn Sie beim Meeting merken, daß es eine Form der Kritik gibt, die Sie zu Hause entwickeln müssen, kommen Sie während des Beendens auf Ihr Problem zu sprechen und bitten Sie die Gruppe, daß sie auf die vollständige kritische Betrachtung bis zum nächsten Meeting warten möge, entweder während des Check-In oder als Tagesordnungspunkt.

Üben Sie Kritik zu einem Zeitpunkt, an dem die Gruppe aufnahmefähig, offen und bereit ist, die Belange anzusprechen, die in Ihrer Kritik zum Ausdruck kommen. Sie müssten vielleicht auf den richtigen Zeitpunkt warten, oder die Gruppe bitten, Zeit einzuplanen, die dazu bestimmt ist, über diese Belange zu sprechen.

Kluge Kritik entstammt Ihren tiefsten Gefühlen, erhält Energie durch Ihre Emotionen und erreicht durch Ihren scharfen Verstand Vollkommenheit. Andere werden an ihr auf eine Weise und zu einer Zeit teilhaben, wenn ihre Aufnahmefähigkeit (einschließlich der Gedanken und Gefühle) am besten ist und sie bereit sind, sich mit dem Problem zu beschäftigen. Die Hausarbeit, die nötig ist, um das zu erreichen, schließt ein, daß man mit all den verschiedenen Gefühlen, die man im Umkreis dieses Problems spürt, in Berührung kommt und über alle Fakten und Umstände nachdenkt, die Teil dieser Situation sind. Man muß ähnliche Umstände erforschen, die man selber erlebt hat, um nach einem Standpunkt zu suchen, der jener größeren Erfahrung entstammt und sich zukünftige Möglichkeiten vorstellen, die sich aus dieser Erfahrung ergeben könnten.

Die konstruktive kritische Betrachtung steht im Zusammenhang mit den Zielen der Gruppe. Eine hilfreiche Möglichkeit, um das zu erreichen, besteht darin, daß man die Prinzipien der Einheit der Gruppe zur Hand nimmt. Denken Sie über die gegenwärtige Situation im Hinblick auf jedes Prinzip nach und überlegen Sie sich, wie die Gruppe durch die Erörterung des Problems, mit dem Sie sich beschäftigen, gestärkt werden kann. Erwägen Sie sorgfältig mehrere Möglichkeiten. Überlegen Sie sich, was bei einem ähnlichen Problem in der Zukunft anders sein könnte. Denken Sie auch über die Möglichkeiten nach, die

sich aus der Situation wie sie jetzt ist, ergeben könnten. Stellen Sie sich vor, wie Sie und die Gruppe sich in eine Richtung fortbewegen könnten, die sie sorgfältig ausgewählt hätten, statt in eine Richtung, die sich zufällig ergibt.
Während Sie über die Situation nachdenken, schreiben Sie Ihre Ideen und Gedanken auf ein Blatt Papier. Sie können diese Notizen noch einmal durchsehen, um festzustellen, welche Ihrer Gedanken konstruktiv und von Vorteil sind und dann denken Sie noch einmal über die Gedanken nach, die vielleicht nicht konstruktiv sind. Wenn Sie einmal Ihre Gedanken schriftlich fixiert sehen, dann können Sie verschiedene Möglichkeiten, um Dinge zu sagen, ausprobieren und können sich vergewissern, daß alles, was Sie sagen müssen, auch dasteht. Wenn Sie die Gruppe an Ihren Vorstellungen teilhaben lassen, können die Notizen, die Sie sich zu Hause gemacht haben, dazu beitragen, daß Sie sich auf das Thema konzentrieren und all Ihre Gefühle und Gedanken auf konstruktive und vorteilhafte Weise einfließen lassen.

Affirmationen erschaffen.

Affirmationen entstehen oft aus der Arbeit an sich selbst, die man außerhalb der Gruppe leistet und aus den Erfahrungen, die man in der Gruppe hat. Diese Arbeit bedeutet, daß man sich von Frustrationen und Problemen abwendet und die Aufmerksamkeit auf Wachstum und Veränderung lenkt. Wenn Sie über diese Möglichkeiten nachdenken, werden Sie beginnen, Affirmationen zu formulieren, die Ihrem Inneren die Botschaft vermitteln, daß Sie empfänglich sind für die Energie der Veränderung und sich in eine kreative, heilende Richtung begeben.
Da Ihr Bewußtsein für Wiederholungen empfänglich ist, wiederholen Sie die Affirmationen für sich und verwenden Sie dieselben Worte immer wieder (mit wechselnder Betonung, damit

Sie das finden, was für Sie am angenehmsten ist). Wiederholen Sie die Affirmationen, während Sie rhythmische Bewegungen machen wie zum Beispiel Gymnastik, Saubermachen oder Spazierengehen. Wenn Sie zur Gruppe zurückkehren, werden Sie die tiefen inneren Reserven mitbringen, die Sie in sich entwickelt haben, um effektiver an der Gruppe teilnehmen zu können. Diese Beispiele sind Affirmationen, die Sie anwenden können, während Sie sich daran gewöhnen, Sie zu verwenden:

Ich schätze das Licht und die Klarheit, die ich in diese Situation einbringe.[7]

Alles, was ich weiß, steht mir zur Verfügung, wenn ich es brauche.

Ich glaube an mich selbst und an unsere Gruppe.

Ich liebe mich selbst.

Ich lebe mit jenen, die ich liebe, in Frieden.

Ich befinde mich im Einklang mit meiner Intuition.

Ich glaube an die Macht unserer Gruppe.

Ich handle im Vertrauen auf meine Fähigkeiten.

Die Liebe, die wir für einander empfinden, hält mich am Leben.

Ich lasse bereitwillig das Alte los und heiße das Neue in meinem Leben willkommen.

Ich wähle voller Weisheit, weil ich auf meine innere Stimme höre.

Ich nehme die Hilfe derer, mit denen ich arbeite, freudig an.

Die Liebe zu mir selbst bringt Liebe und Unterstützung in all meine Beziehungen.

9

Die Wertschätzung von Vielfalt und Einheit: die Transformation von Konflikten

Ihre Gruppe schätzt Vielfalt und Einheit, wenn...

- Wenn Sie mindestens einen Vorgang nennen können, den Ihre Gruppe während jedem Meeting befolgt und der die Wertschätzung jedes einzelnen Individuums widerspiegelt...
- Wenn Sie mindestens zwei Umstände nennen können, bei denen die Entscheidung Ihrer Gruppe vor kurzem der Ansicht der Minderheit Rechnung trug.
- Wenn Sie mindestens drei Prinzipien der Einheit nennen können, an die alle Mitglieder Ihrer Gruppe gemeinsam glauben.
- Wenn Sie wenigstens vier Ereignisse nennen können, bei denen vor kurzem die Leitung in Ihrer Gruppe spontan wech-

selte als Antwort auf die Thematik über die diskutiert wurde.
- Wenn Sie wenigstens fünf Beispiele nennen können (aus dem letzten Meeting Ihrer Gruppe), bei denen Mitglieder einander ihre gegenseitige Wertschätzung zum Ausdruck brachten.
- Wenn Sie wenigstens zwei Gelegenheiten beschreiben können, bei denen es Meinungsverschiedenheiten gab, mit denen Ihre Gruppe sich gegenwärtig auseinandersetzt.
- Und wenn Sie für jede der zwei Gelegenheiten wenigstens drei Standpunkte, die sich eindeutig voneinander unterscheiden und die die Gruppe in Betracht zieht, beschreiben können.

Bei der Transformation von Konflikten geht es um Wege des Wissens und des Tuns, die bei den Prozessen von *Peace und Power* eine wesentliche Rolle spielen. Die Transformation von Konflikten schöpft besonders aus den Mächten der Vielfalt und der Einheit. Die Macht der Vielfalt bedeutet, daß man Kreativität fördert, alternative Ansichten schätzt und zur Flexibilität ermutigt. Die Macht der Einheit bedeutet, daß man die Vielfalt innnerhalb der Gruppe integriert (siehe Kapitel 2). Sogar in Zeiten, wenn alles bestens läuft, ist es nicht immer möglich, diese Mächte umzusetzen. Wenn eine Gruppe die Vielfalt oder Unterschiedlichkeit nicht integrieren kann, dann ist es unvermeidlich, daß die Gruppe in Konflikt gerät. Es ist typisch für die meisten Gruppen, daß sie den Konflikt bewältigen, indem sie ihn ignorieren, vor ihm zurückscheuen, sich darin verfangen oder daß sie „zugeben, gegenteiliger Meinung zu sein".

Um aus den typischen Mustern der Konfliktbewältigung herauszukommen, ist es wichtig, sich darüber klar zu werden, wie subtil die Angewohnheiten der „Macht über Mächte" sich in ihre Gruppeninteraktionen einschleichen und Methoden zu entwickeln zur Anwendung der Mächte des FRIEDENS von Vielfalt und Einheit. Wenn dieser Wandel sich vollzieht, so hat das zur Folge, daß man lernen muß, den Konflikt als eine Gelegenheit zum Wachstum und als wichtigen Teil der Erfahrung der Gruppe zu erkennen. Einheit entsteht nicht aus der Zustimmung oder deswegen, daß man „nett sein will". Es ist eher so, daß man offene und bewußte Mittel anwendet, um mit dem Konflikt umzugehen, da diese zu den wichtigsten Schritten gehören, die bei den Gruppeninteraktionen Einheit schaffen und Vielfalt begrüßen.

Die Neudefinierung des Konflikts

Patriarchalische Definitionen des Wortes „Konflikt" weisen auf Unverträglichkeit, Widerstand, Antagonismus und Feindlichkeit[1] hin. Der Definition liegt die Andeutung zu Grunde, daß dem Wort ein Potential zur Gewalttätigkeit innewohnt. Wenn man bedenkt, wie Menschen die Sprache lernen, sind uns alle Konnotationen für Konflikt auf irgendeiner Ebene sofort gegenwärtig – wen wundert's, daß Konflikt etwas ist, das die Menschen oft zu vermeiden suchen.
Tatsächlich ist der Konflikt *nicht* immer das Gleiche wie Feindschaft, Antagonismus und Unverträglichkeit. Meinungsverschiedenheiten, Differenzen, Argumente – alles Formen des Konflikts – die möglicherweise keine Feindschaft oder Gewalt einschließen, kommen in allen Gruppen vor. Natürlich können einfache Differenzen schnell zu etwas eskalieren, daß Gefühle von Antagonismus, die Polarisierung von Standpunkten in „richtig oder falsch" und offene Feindschaft einschließt.
Eine Reihe von Ansätzen zur Konfliktbewältigung sind sehr effektiv (Konfliktlösung, Verhandlung, Schlichtung), und die Ansätze, die *Peace und Power* zur Konfliktbewältung anwendet, stützen sich auf viele dieser Möglichkeiten. Notwendiger-

weise haben viele dieser Methoden die Reduzierung der Feindlichkeiten zum Ziel und versuchen einen Kompromiß zwischen gegnerischen Gruppen oder Individuen zu erreichen. Die besten Methoden sind die, die „Win-win"-Lösungen vorweisen können. (Bei denen beide Parteien gewinnen. Anm. d. Übersetz.)

Die Methoden von *Peace und Power* dienen dazu, den Konflikt als solchen umzuwandeln. Bei der Konfliktumwandlung geht die Gruppe das unmittelbare Problem auf konstruktive Weise an, aber die Aufmerksamkeit richtet sich auf das Lernen der Gruppe. Jeder wächst durch das Verständnis der Werte der Gruppe und benützt den Vorgang des Konflikts, um neue Fertigkeiten zu entwickeln, die zur Einheit der Gruppe beitragen und zur Fähigkeit, die Vielfalt zu integrieren.

Der erste Schritt, der einer Wirklichkeit näherkommt, wo der Konflikt geschätzt wird und wertvoll ist, ist die Erkenntnis, daß Definitionen, die den Begriff Konflikt als gegnerisch beschreiben, Grenzen haben und daß man neue Wege finden muß, um über den Begriff Konflikt nachzudenken. Im amerikanischen Englisch gibt es keine Wörter, die einer friedlichen, sogar willkommenen Ko-existenz von unterschiedlichen Standpunkten, unterschiedlichen Perspektiven oder unterschiedlichen Ideen darüber, wie etwas getan werden muß, Ausdruck verleihen. Wenn Teilnehmer der Gruppe Meinungen zu einem Problem haben, die Verschiedenheiten in einem *Peace-und-Power-* Prozeß widerspiegeln, kann eine ehrliche Diskussion die Folge sein ohne Gefühle von Feindseligkeit, Antagonismus oder Wettstreit darüber, wer „recht" hat. Sogar wenn Leute leidenschaftliche Gefühle, ja sogar Feindseligkeit oder Antagonismus bekunden, ist es möglich, den Konflikt in etwas Vorteilhaftes für die Gruppe und Einzelne umzuwandeln. Die Fähigkeit das möglich zu machen, hängt davon ab, daß man weiß, daß man eine *Wahl hat*, wenn man sich mit einem Konflikt befaßt, und daß man

Wege lernen kann, einen Konflikt umzuwandeln, anstatt die Feindseligkeit und den Antagonismus zu reduzieren oder zu eliminieren.

Die Transformation von Konflikten ist ein Prozeß, der folgendes mit sich bringt:

Jeden Tag müssen durch Interaktionen der Gruppe Fertigkeiten geübt werden, die als Grundlage zur Konfliktbewältigung dienen, falls es zu einem Konflikt kommt.

Man sollte eigene Wege lernen, wie man auf einen Konflikt auf konstruktive Weise reagieren kann.

Schon zu Beginn einer Interaktion sollte ein Konflikt oder die Möglichkeit eines Konfliktes erkannt und bestätigt werden.

Ganz bewußt sollte die Wahl getroffen werden, wie man mit dem Konflikt konstruktiv umgehen möchte.

Die Mächte der Einheit und der Vielfalt sollten in der Gruppe dargestellt werden, um zur Kreativität zu ermutigen und Unterschiedlichkeiten zu integrieren.

Grundbedingungen für die Transformation von Konflikten in Einheit und Vielfalt

Die Transformation von Konflikten beginnt, bevor es in der Gruppe zu Konflikten kommt. Es ist sehr schwer – manchmal unmöglich – einen Konflikt zu transformieren, indem man darauf wartet, daß es zu einem Konflikt kommt und dann Wege zu ersinnen, um damit auf unterschiedliche Weise fertigzuwerden. Gruppen können in Zeiten, die relativ ruhig erscheinen, drei Dinge tun, um ein starkes Fundament für die Transformation von Konflikten zu schaffen. Und das geschieht auf folgende Weise:

Ein starkes Gefühl für die Leitung auf der Basis, den Vorsitz im Turnus weiterzureichen innerhalb der Gruppe, muß gefördert werden

Eine Gruppe, die Erfahrung mit diesem Verfahren bei der Leitung der Gruppe hat, kann sich an diejenigen wenden, die die Klarheit, den Weitblick und die Energie haben, um einem Konflikt konstruktiv zu begegnen, wenn er eintritt (siehe Kapitel 5 und 6). Eine wirksame Leitung kann die Gruppe wachrütteln und sie klar und deutlich dazu anleiten, sich lieber mit den zugrundeliegenden Problemen zu beschäftigen, als sich im gegenwärtigen Konflikt selbst zu verstricken. Die Aufmerksamkeit der Gruppe in neue Bahnen zu lenken, ist ein äußerst wichtiger Bestandteil der Herbeiführung der Transformation. Dadurch wird der Konflikt in einen größeren Zusammenhang gestellt, damit Menschen sich der Tragweite und den Auswirkungen des Konflikts auf lange Sicht bewußt werden. Wenn jedes Individuum in einer Gruppe Erfahrung als Leiterin gesammelt hat, dann fühlt sie sich stark und in ihrer führenden Rolle unterstützt und kann jederzeit, wenn die Gruppe mit einem Konflikt konfrontiert ist, ganz selbstverständlich die Rolle übernehmen.

Sich in konstruktiver Kritik üben

Die kritische Betrachtung (siehe Kapitel 8) ist ein Mittel, um sich von den üblichen Kommunikationspraktiken der Schuldzuweisung, der Feindseligkeit und den schädlichen verbalen Beleidigungen zu distanzieren. Stattdessen entwickeln die Mitglieder der Gruppe kommunikative Fähigkeiten, die sich auf die Verantwortung der Gruppe für das, was in der Gruppe geschieht, konzentrieren und auf die zukünftigen Möglichkeiten für konstruktives Wachstum und konstruktiven Wandel. Wenn die kritische Betrachtung geübt wird, wenn es um keinen Konflikt geht, werden die notwendigen Fähigkeiten in einem sicheren Rahmen erworben und das Vertrauen der Gruppe auf die kritische Betrachtung als einen sicheren und willkommenen Prozeß nimmt zu. Die kritische Betrachtung, die regelmäßig geübt wird, führt dazu, daß sich die Gruppe der Prinzipien der Einheit deutlicher bewußt wird, damit sie im Falle eines Konflikts auf diese Klarheit als Hilfsmittel zurückgreifen kann, wenn sie sich mit dem Konflikt befaßt. Wenn jedes Mitglied sich in kritischer Betrachtung geübt hat und sie ihr vertraut ist, stellt sich ein Gefühl der Sicherheit und die Verpflichtung zum Prozeß ein, und nicht ein Gefühl der Furcht und der Angst, wenn der Konflikt eintritt und jemand die kritische Betrachtung anwendet.

Üben Sie Möglichkeiten, um die Vielfalt zu schätzen

Wenn Ihre Gruppe sich Verhaltensweisen angeeignet hat, die sie der Wertschätzung persönlicher Unterschiede näher bringen, dann haben Sie eine stabile Grundlage, auf der Sie den Konflikt tranformieren können, wenn er sich einstellt. Intensive Emotionen sind gewöhnlich verantwortlich dafür, daß sie die Fähigkeit eines Mitglieds offen zu bleiben, einengen und beschränken. Die Angewohnheit, Vielfalt zu schätzen, bildet die Grundlage dafür, daß man vielen Optionen gegenüber offen ist, und zwar auch dann, wenn die Gefühle ihren Höhepunkt erreicht haben. Der Vorgang des Check-in (siehe Kapitel 5) und der des Beendens (siehe Kapitel 8) sind zwei Möglichkeiten für die Gruppen, um die Vielfalt, die es in der Gruppe gibt, immer erneut zu erkennen, in Ehren zu halten und zu loben. Wenn der Konflikt sich einstellt, ist man sich dessen schon bewußt und begrüßt unterschiedliche Perspektiven, Interessen und Talente, die von einzelnen in die Situation eingebracht werden. Durch die Transformation des Konflikts lernt die Gruppe nicht nur mehr über sich selbst, sie baut auch auf den Grundlagen der Vielfalt auf, die sie so sehr schätzt.

Individuelle Methoden zur Konflikttransformation

Für den Konflikt in einer Gruppe ist die Gruppe verantwortlich; jedes einzelne Mitglied kann jedoch notwendige Schritte unternehmen, um Verhaltens- und Kommunikationsmuster zu verändern, die zu den alten Mustern der Konfliktbewältigung beigetragen haben. Sie können sich in drei Fertigkeiten üben, um Ihre persönlichen Gewohnheiten der Konfliktbewältigung zu verändern:

Die sanfte Kunst der verbalen Selbstverteidigung.
Die Tugenden des Klatsches wieder aufnehmen.
Ärger als Quelle der Stärke anzuerkennen.

Die sanfte Kunst der verbalen Selbstverteidigung

Suzette Haden Elgin hat ein System der Sprachgewohnheit entwickelt, das leicht zu erlernen ist und das die Interaktionsmuster auf drastische Weise verändert.[2] *In ihrem Buch: Staying Well with the Gentle Art of Verbal Selfdefense*[3] lehrt sie die Leser besondere Fertigkeiten, um die Feindseligkeit bei den menschlichen Interaktionen zu reduzieren und infolgedessen sowohl das individuelle Wohlbefinden als auch das der Gruppe zu verbessern. Wenn man die sanfte Kunst der verbalen Selbstverteidigung anwendet, wird es möglich, sich aus den negativen Verstrickungen der feindseligen verbalen Interaktionen zu befreien und sich stattdessen einer Sprache zu befleißigen, die den Weg dafür ebnet, daß man sich ein größeres Verständnis für die Unterschiedlichkeiten angewöhnt. Suzette beschreibt einundzwanzig Techniken. Vier ihrer Vorschläge sind besonders hilfreich für die Entwicklung der Fertigkeiten, die bei Interaktionen in einer Gruppe von Nutzen sind. Zwei davon sind schon ein Teil der *Peace-und-Power*-Prozesse:

Die Anwendung von Millers Gesetz: Millers Gesetz besagt: „Um zu verstehen, was jemand anders sagt, muß man annehmen, daß die Aussage der Wahrheit entspricht und dann versuchen sich vorzustellen, worauf sich die Wahrheit beziehen könnte."[4] Das heißt nicht, daß man immer der Meinung ist, daß das, was die Person sagt, der Wahrheit entspricht, aber Sie übernehmen deren Perspektive – und vermuten, daß es für sie der Wahrheit entspricht. Besonders wenn Sie sich bewußt sind, daß Sie nahe dran sind, das, was jemand gesagt hat als nebensächlich abzutun, weil es lächerlich ist, dann denken Sie um und wenden Millers Gesetz an. Ihre Antwort verlagert sich, indem Sie zu der Person sagen: „Ich höre, was Sie sagen. Erzählen Sie mir mehr von dem, was Sie sagen wollen."

Das Vermeiden von feindseligen Kommunikationsmodellen:

Wenn man auf feindselige Weise kommuniziert, dann beschäftigt man sich nicht wirklich mit einem Problem und schadet sich und andern obendrein selbst. Ganz im Gegenteil dazu, was viele Leute annehmen, trägt feindselige Kommunikation ganz gewiß nicht dazu bei, daß irgendjemand sich besser fühlt. (Der alte Mythos vom „sich etwas von der Seele reden".) Suzettes besonderer Ansatz zur Vermeidung feindseliger Kommunikation stützt sich auf die Erkenntnis, daß „alles, was man nährt, wachsen wird".[5] Wenn jemand Sie zum Beispiel durch eine Schuldzuweisung angreift und wenn Sie dann die Schuld zurückweisen oder auch den andern die Schuld zuschieben, dann wird dieser Zyklus der Schuldzuweisung immer größer werden. Stattdessen machen Sie eine einfache, sachliche, nüchterne Aussage der Art, die Suzette „den Computermodus" nennt. Ein Beispiel für eine feindselige, schuldzuweisende Feststellung ist die folgende: „Wenn Dir die Gruppe wirklich am Herzen läge, würdest Du Deine Probleme für Dich selbst behalten." Eine altgewohnte Antwort, die die Feindseligkeit und die Schuldzuweisung noch mehr nährt, ist folgende: „Für was hältst Du Dich eigentlich, daß Du so tust, als ob Du Deine Probleme nie in diese Gruppe mitbringen würdest?" Eine Antwort, die diesen Kreislauf unterbrechen würde, wäre: „Es ist schon eine interessante Überlegung, daß die Probleme einzelner die Interaktion der Gruppe beeinflussen". Das ist eine Antwort im „Computermodus", die niemandem die Schuld zuweist. Sie distanziert sich von der Feindseligkeit und vermittelt eine deutliche Botschaft: „ Ich werde mich nicht an einer negativen Interaktion beteiligen." Ganz anders als die üblichen Antworten, die denjenigen, der die Schuld zuweist, einfach ignorieren oder ihn einfach stehen lassen, enthalten Antworten, die wirkungsvoll eine negative oder feindselige verbale Interaktion unterbrechen, auch eine Botschaft „Ich werde bleiben und diskutieren, aber ich werde es nicht auf eine Weise tun, die verletzt".

Botschaften verwenden, die aus drei Komponenten bestehen: Wenn Sie einen Konflikt ansprechen oder einen potentiellen Konflikt, dann schlägt Suzette eine Botschaft vor, die aus den folgenden Komponenten besteht:

Wenn Sie…
Ich habe das Gefühl… / Mir scheint…
Weil…

Sie sind den Komponenten einer kritischen Betrachtung ähnlich.[6] Sie können die besonderen Ansätze zur kritischen Betrachtung von *Peace und Power* bei Ihren täglichen Interaktionen mit Leuten üben (siehe Kapitel 8). Sie können aber auch Suzettes ausgezeichneten Anweisungen folgen, um die Art von Kommunikation zu erlernen und zu üben.[7]
Syntonisches Zuhören. Peace-und-Power-Prozesse verlangen aktives Zuhören und zwar ganz besonders, wenn der Vorsitz während einer Diskussion im Turnus weitergegeben wird, während des Check-in oder des Beendens, oder wenn man sich mit einem Konflikt auseinandersetzt. Syntonisches Zuhören ist wie aktives Zuhören. Das bedeutet, sich auf die andere Person voll und ganz zu konzentrieren, ohne daß man seine Gedanken abschweifen läßt, oder an die eigenen Antworten auf das, was die andere Person sagt zu denken. Suzette schlägt vor, daß man sich in der Kunst des syntonischen Zuhörens übt, indem man einem langweiligen Redner im Fernsehen wenigstens zehn Minuten zuhört. Die Herausforderung für Sie besteht darin, Übung dabei zu erlangen, daß Ihre Gedanken nicht in andere Bereiche abschweifen. Wenn Sie „eingeschaltet" bleiben können, wird es Ihnen leicht fallen, sofort zu merken, wenn Sie „abschalten", da es doch wichtig ist, daß Sie dem Redner Ihre volle Aufmerksamkeit schenken und sich nicht ablenken lassen.

Die sanfte Kunst der verbalen Selbstverteidigung ist jedem zugänglich und man kann sie sogar erlernen, wenn die Umstände nicht gerade ideal sind. Sie können alleine mit einem der Bücher von Elgin arbeiten oder mit andern aus Ihrer Gruppe, um ein neues Sprachverhalten in Ihrer Gruppe zu üben. Sie werden feststellen, daß Sie Ihr Verhalten, mit dem Sie aus Gewohnheit auf Feindseligkeit reagieren, auch nur ein klein wenig korrigieren müssen. Das genügt, um drastische Veränderungen in Ihren verbalen Interaktionen zu erleben, die es möglich machen, einen Konflikt auf eine Weise zu erfahren, die sich von der Feindseligkeit distanziert und auf konstruktivere Art mit Meinungsverschiedenheiten fertig wird.

Die Tugend des Klatschens aufs Neue erwecken

Gerede außerhalb der Gruppe über Leute und Ereignisse in der Gruppe, für gewöhnlich Klatsch genannt, kann als destruktiver Ursprung für einen Konflikt in der Gruppe dienen, es kann aber auch andererseits eine wichtige Quelle für die Energie der Gruppe sein. Klatsch ist eine Fertigkeit, die zur Unterhaltung von Frauen gehört.[8] Klatsch hatte, wie viele andere Wörter in der englischen Spache, die hauptsächlich Frauen betreffen, einmal eine positive Bedeutung, die jetzt zu einer negativen Bedeutung abgewertet wurde. Ursprünglich war das Wort Klatsch ein Hauptwort und die Bezeichnung für die Frau, die der Hebamme bei der Geburt half. Die „Klatsch" war die Wehmutter (eigentlich: die Wehentrainerin. Anm. d. Übersetz.) und nach der Geburt verbreitete sie die Neuigkeit von der Geburt in der Gemeinde. Man fand heraus, daß sie eine sehr weise Frau war, die die Weisheit der Sterne verkünden konnte.[9]

Die Gruppen können die Kunst des Klatschens wieder aufnehmen, um neue Wege zu finden, wie man übereinander und über Ereignisse in der Gruppe sprechen könnte.[10] Die Unterhaltung, die Gruppenmitglieder miteinander in der weniger steifen Umgebung außerhalb der Gruppe führen, kann sich als wichtige Energiequelle erweisen, die, wie die Wehentrainerin den Gedanken und Visionen der Gruppe hilft, das Licht der Welt zu erblicken. Konstruktiver Klatsch, der Kraft gibt, baut auf den Wertvorstellungen von *Peace und Power* auf. Die moralischen Folgen des Klatschens gewährleisten eine Unterhaltung, die konstruktiv und wachstumsfördernd ist:

Klatsch muß einen Sinn haben. Wenn Sie eine Geschichte über jemanden oder etwas erzählen, dann sagen Sie, weshalb Sie diese Geschichte erzählen. Wenn Sie zum Beispiel Ihrer Freundin von einem blühenden sexuellen Verhältnis zweier Gruppenmitglieder berichten, machen Sie deutlich, daß Sie darüber berichten, weil Sie sich Sorgen machen wegen der heiklen Situation in der Gruppe und daß Sie Wege und Mittel suchen, um die Uneinigkeit, die in der Gruppe entstehen könnte, zu vermeiden. Wenn Sie und Ihre Freundin beide aus diesem Grunde klatschen, dann entfernen Sie sich von bloßem Gerede, das die Beteiligten verspottet, sie für schuldig befindet oder sie auf andere Weise verletzt. Stattdessen konzentriert sich Ihre Unterhaltung darauf, wie die Gruppe auf die Situation auf respektvolle Weise, die die Integrität der Gruppe wahrt, reagieren könnte. Wenn Sie keinen Grund angeben können für Klatsch, der aus einem gemeinsamen Zweck resultiert, dann sollten Sie sich einem andern Thema zuwenden.

Seien Sie ehrlich mit sich selbst. Konzentrieren Sie sich auf Ihre eigenen Gefühle und Gedanken statt Vermutungen darüber anzustellen, was jemand anders denkt oder fühlt. Obgleich Sie sich vielleicht darüber Sorgen machen, wie andere in der Gruppe möglicherweise auf eine beginnende sexuelle Beziehung zwischen zwei Mitgliedern in der Gruppe reagieren würden oder wie sie dazu stehen würden, konzentrieren Sie Ihren Klatsch auf die Tatsache, wie Sie dazu stehen oder wie diese Tatsache Ihrer Meinung nach zu der Uneinigkeit in der Gruppe beitragen könnte.

Nennen Sie Ihre Quelle. Wenn Sie Informationen weitergeben, machen Sie deutlich, wie Sie an die Information kamen. Teilen Sie mit, wer Ihnen erzählt hat, was sich ereignet hat oder woher Sie von diesem Ereignis wissen. Wenn Sie Ihre Quelle nicht nennen können, dann geben Sie auch keine Information weiter. Sagen Sie zum Beispiel nicht: „das Komitee hat beschlossen,

Ihren Antrag abzulehnen." Wenn Sie nicht dabei waren, als das Komitee diesen Beschluß faßte, dann berichten Sie, woher Sie von diesem Beschluß wissen: „Nancy, die den Vorsitz beim Komitee hat, hat mir erzählt, daß das Komitee Deinen Antrag abgewiesen hat." Wenn Sie jedoch da waren, sagen Sie: „Ich war dabei, als das Komitee über die Ablehnung Ihres Antrags abgestimmt hat und ich war eine derjenigen, die für die Ablehnung gestimmt hat, weil…"

Seien Sie vorsichtig, daß Sie diese Information nicht auf eine Weise wiedergeben, die jemanden verletzen könnte; geben Sie Information auf eine Weise, die größeres Mitgefühl und Verständnis möglich macht. So könnte zum Beispiel eine Information verletzen, wenn Sie den Unterrichtsraum verlassen mit den Worten „Ich war erstaunt darüber, was Priscilla heute während des Unterrichts sagte. Sie ist wirklich intolerant!" Ein Ausspruch, der das gleiche Erstaunen ausdrücken würde, aber Priscilla nicht misinterpretieren oder abstempeln würde, wäre folgendes: „Ich war erstaunt, als ich Priscillas Ansichten über die Reglementierung im Leben von Frauen hörte. Ich muß mir überlegen, wie ich diese Diskussion bei unserm nächsten Treffen fortführen soll."

Bestätigen Sie die Gelegenheit und die Möglichkeit zu Wachstum und Veränderung. Wenn Sie über Priscillas Kommentare zur Reglementierung sprechen, überprüfen Sie verschiedene Standpunkte, die Ihrer Meinung nach erörtert werden müssten, bevor die Diskussion zu einem konstruktiveren Verständnis beitragen könnte. Klatsch, der sich auf das konzentriert, was sonst noch geschehen muß, zielt auf ein größeres Verständnis der Probleme hin.

Wenden Sie Humor an als Möglichkeit auf Emotionen einzugehen und Licht in eine Situation zu bringen. Nehmen Sie sich in acht vor verletzender und schmälernder Hänselei. Machen Sie sich nie über jemanden anderen lustig oder machen Sie nie eine andere Person lächerlich und seien Sie vorsichtig mit humorvollen Bemerkungen, die Sie selbst verunglimpfen. So erzählen Sie zum Beispiel eine Geschichte, wie Sie bei einer Versammlung als Studentin Ihre Meinung äußerten und zum Schweigen gebracht wurden. Ein Kommentar mit lachender Stimme: „Ich vermute, ich bin nur eine unwichtige Studentin, die kein Recht hat ihre Meinung zu sagen" ist weder komisch noch ist es trockener Humor. Sie verunglimpfen sich selbst und machen sich indirekt über andere lustig, über deren Meinung Sie nur Vermutungen anstellen. Stattdessen könnten Sie erzählen wie andere darauf reagierten, daß Sie Ihre Meinung äußerten und ausrufen „Studenten erhebt Euch"! Damit machen Sie eine freudige, positive Feststellung, die Ihren Kummer wegen der negativen Reaktion, die Ihnen zuteil wurde, wettmacht.

Gebrauchen Sie Informationen, um sie weiterzugeben und um zu informieren, nicht um zu manipulieren. Wenn Sie zum Beispiel ehrlich überzeugt sind, daß Ihr/e Freund/in etwas falsch macht, dann besorgen Sie die ganze Information, die Ihnen zugänglich ist und die dazu beitragen könnte, Licht in die Situation zu bringen, ohne Ihre/n Freund/in zu zwingen oder den Anstoß zu geben, sich so zu entscheiden, wie Sie wollen. Hüten Sie sich ganz besonders vor kühnen Verkündigungen (die sowieso immer Spekulationen sind) über die Zukunft als eine Möglichkeit, um der Person Angst einzujagen, damit Sie sich für Ihre Lösung entscheidet. Überlassen Sie die Entscheidung Ihrem/Ihrer Freund/in, auch dann, wenn sie sich als eine Entscheidung herausstellen sollte, der sie nicht zustimmen.

Gebrauchen Sie Klatsch, um beim Aufbau einer Gemeinschaft zu helfen, nicht um zu konkurrieren. Wenn Sie die Geschichte einer anderen Person hören, ersparen Sie sich eine eigene zur „Krönung". Sie sollten sich stattdessen befleißigen, ihr Ihre Gedanken und Gefühle darüber mitzuteilen, wieviel ihre Geschichte Ihnen bedeutet und was Sie beide aus der Geschichte lernen können. Wenn eine Freundin Ihnen zum Beispiel erzählt, was ihr schreckliches zugestossen ist, als es in der Arbeit keine Gehaltszulage gab, fangen Sie bloß nicht mit Ihrer eigenen „ist das nicht schrecklich"-Geschichte an, als Ihr Chef Ihnen eine Gehaltszulage abschlug. Stattdessen sagen Sie, daß Sie ein ähnliches Erlebnis hatten, aber konzentrieren Sie sich auf das, was Ihre Freundin erlebte und was sie von solchen Maßnahmen in ihrem Arbeitsleben gelernt hat.

Ärger als Quelle der Stärke

Ärger ist ein Gefühl, das viele Menschen, besonders Frauen, zu leugnen gelernt haben. Verständlicherweise haben Frauen den Ärger anderer fürchten gelernt, weil er so eng mit lebensbedrohender Gewalt gegen Frauen im Zusammenhang steht. Der Ärger von Frauen im besonderen kann lebensbedrohende Gewalt auslösen und sorgt für zusätzliche Furcht vor dem eigenen Ärger. Wie das Wort Konflikt wird Ärger bei vielen Völkern benutzt, um negative Gefühle und Triebkräfte in menschlichen Beziehungen zu verdecken. Während Ärger ein fundamentales Gefühl ist, werden andere Gefühle und Triebkräfte mit dem gleichen Etikett versehen. Ärger ist nicht das Gleiche wie Haß, Abneigung, Ekel oder Neid. Gefühle wie Haß, Ekel oder Neid sind keine Quellen der Stärke wie es Ärger sein kann.
In Gruppen, die verpflichtet sind, auf unterschiedliche Weise miteinander zu arbeiten, ist es von fundamentaler Bedeutung, konstruktiv mit Ärger umgehen zu lernen, da dadurch die notwendige Sicherheit entsteht, um sich mit einem Konflikt auseinanderzusetzen. Schritte, die man üben kann, um neue Methoden zu lernen, wie man mit Ärger als eine Quelle der Stärke umgehen kann, sind folgende:
Erkennen Sie, daß Ihr Ärger (nicht Haß oder Neid) ein wertvolles Instrument oder ein Hinweis ist, daß etwas anders gemacht

werden muß. Lernen Sie, sich die Zeit zu nehmen, um sich von der Situation zu distanzieren, bis Sie sich klar darüber sind, was anders gemacht werden muß. Gebrauchen Sie Ihren Ärger als ein Signal dafür, daß Sie sich aus der Situation entfernen müssen, bis Sie darüber nachgedacht haben, was genau verändert werden muß. Proben Sie sichere Methoden mit Leuten, die Sie in Ihrem Wachstum unterstützen können und verstehen, woran Sie arbeiten. Sie können die Ansätze der kritischen Betrachtung anwenden entweder in Rollenspielen, die Sie in Szene setzen oder in ziemlich sicheren Situationen im täglichen Leben. Üben Sie, wenn Sie keinen Ärger empfinden, aber arbeiten Sie mit Situationen, die Sie in der Vergangenheit verärgert haben oder es in der Zukunft tun könnten. Wege zu erproben, um Ihren Ärger zuzulassen, wird Ihnen helfen, Ihre Furcht vor Ärger zu überwinden, damit Sie nicht länger außer Gefecht gesetzt werden, und der Ärger für Sie zur Quelle der Stärke wird. Erkennen Sie, daß die Konfrontation für gewöhnlich kein konstruktiver Ansatz für den Umgang mit Ärger ist. Stattdessen polarisiert und distanziert Sie die Konfrontation für gewöhnlich von anderen Menschen, die in die Situation verstrickt sind. Wenn Sie sich einmal die Zeit nehmen, um sich klar zu werden über das „Signal", das Ihr Ärger bedeutet, dann können Sie sich Maßnahmen überlegen, die die Situation direkt und in Ruhe angehen und sich einer konstruktiven Veränderung der Situation nähern.[11] Üben Sie die kritische Betrachtung in Gruppen und achten Sie ganz besonders darauf, wie Sie das, was Ihrem Wunsch gemäß als nächstes geschehen soll, den andern mitteilen. Beobachten Sie, wie die Gruppe auf Ihre Erkenntnisse reagiert und bitten Sie sie, eigene konstruktive Vorschläge zu machen.

Maßnahmen der Gruppe zur Transformation von Konflikten

Immer wenn sich die Gruppe als ganze oder ein einzelnes Individuum eines Konflikts bewußt wird, der im Zusammenhang mit der Gruppe steht, dann ist es ein Gruppenkonflikt. Einen Konflikt als „persönliche Meinungsverschiedenheiten" abzutun, ist stets eine große Versuchung, denn dann wird angenommen, daß die zwei oder drei Individuen es eben untereinander ausmachen sollen. Obgleich es wirklich wünschenswert ist, wenn Individuen ihre persönlichen Meinungsverschiedenheiten bereinigen, ist es unabänderlich, daß ein Konflikt oder feindselige Interaktionen in der Gruppe die Reaktion der ganzen Gruppe erfordern, wenn er für die Gruppe transformiert werden soll.

Ein Gruppenkonflikt liegt nicht im Verantwortungsbereich *einer* Person; auch nicht in dem von zwei oder drei Personen, wenn sie auch Konflikte unter sich bereinigen können. Für einen Gruppenkonflikt ist *jeder* verantwortlich. Das Resultat einer offenen Konfliktlösung ist die *Transformation*, bei der jedes Individuum lernt, neue Erkenntnisse erhält und neue Möglichkeiten erfährt. Wenn eine Gruppe sich mit einem Konflikt beschäftigt, lernt jeder Teilnehmer aus den vielen verschiedenen Standpunkten. Statt zwischen den Standpunkten von zwei Individuen zu entscheiden, die nicht „einig" sind miteinander in einer Gruppe, äußern sich viele verschiedene Leute zu diesem Problem und viele Möglichkeiten zeigen sich. Der wertvolle Erfahrungsaustausch, der sich in diesem Prozeß einstellt, läßt viele verschiedene Variationen zutage treten, die es unter den Gruppenmitgliedern gibt und gewährt Einblicke, durch die die Wahrnehmung der Gemeinsamkeiten entsteht.

Die Prozesse von *Peace und Power* bieten drei deutlich erkennbare Gruppenaktionen, durch die die Transformation eines Konfliktes herbeigeführt wird:

Zugeben, daß es einen Gruppenkonflikt gibt.
Angewohnheiten, die die Uneinigkeit unterstützen, aufgeben.
Werte, die einigen, finden und unterschiedliche Möglichkeiten erforschen.

Einen Gruppenkonflikt zugeben

Wenn es in der Gruppe einen Konflikt gibt, wird er oft anfangs so hingestellt, als ob es sich um einen Konflikt zweier Einzelpersonen handle oder um einen Konflikt zweier gegnerischer „Fraktionen" innerhalb der Gruppe. Aber in Wirklichkeit gehört alles, was sich im Zusammenhang mit der Gruppe abspielt, zur Gruppe – einschließlich derer, die vielleicht nichts direkt damit zu tun haben oder zum gegenwärtigen Problem beigetragen haben. Wenn man Individuen oder auch Fraktionen innerhalb der Gruppe, die gegensätzlicher Meinung sind, isoliert, indem man ihnen einfach das Etikett anhängt, daß es ganz „einfach" nur ihr Problem ist, gelingt es den andern in der Gruppe nicht, die Kräfteverhältnisse in der Gruppe zu erkennen und sich zu ihnen zu bekennen. Kräfteverhältnisse, die zu der Situation beitragen und an denen jede Person in der Gruppe ihren Anteil hat.
Um zu erreichen, daß die Gruppe zugibt, daß es „ihr Konflikt" ist, nimmt jede in der Gruppe an der Diskussion teil, die klärt, wie sich der Konflikt mit den Zielen der Gruppe und den Prinzipien der Einheit verträgt. Die Gruppe sucht nach verschiedenen Standpunkten und Möglichkeiten, um zu einem neuen Verständnis zu kommen. Während die Gruppe den Konflikt als ihren eigenen anerkennt, bringt sie Mißverständnisse des Konflikts ans Licht, denn jedes Individuum sieht die Situation aus der

neuen Perspektive, die der Weisheit der Gruppe entspringt und wirkliche Änderungen im Verhalten und in den Handlungen der Gruppe beginnen zu fließen.
So bildeten zum Beispiel Chully, Justa, Lynn, Sue und Betty eine Selbsthilfegruppe für Schriftsteller. Sie beschlossen, sich einmal in der Woche während des Sommers zu treffen. Chullie and Justa waren die Schriftstellerinnen mit der größten Erfahrung in der Gruppe, und die anderen Frauen wandten sich oft an sie um Rat. Eins ihrer Prinzipien der Einheit besagte jedoch, daß das Gleichgewicht der Macht unter ihnen dadurch erhalten werden könne, daß sie an Informationen gemeinsam teilhatten und daß sie die schriftstellerischen Fähigkeiten jeder einzelnen Person bewerteten. Während mehrer Wochen wurde Justa sich bewußt, daß Lynn sich nur an Justa wandte, wenn sie eine Frage hatte. Wenn Justa sprach, hörte Lynn ihr aufmerksam zu, aber wenn andere sprachen schien sie nicht interessiert. Wenn Lynn den Vorsitz hatte, sah sie nur Justa an und brachte es immer fertig, da zu sitzen, wo sie immer mit Justa Augenkontakt halten konnte. Justa wurde das, was sie als „Heldinnen-Anbetung" erkannte, zunehmend unangenehmer. Sie wußte, daß sie sich noch immer nicht ganz im klaren darüber war, was genau an dieser Angelegenheit so befremdlich war. So beschloß sie, das Problem in der Gruppe zur Sprache zu bringen, bevor sie so irritiert sein würde, daß sie damit nicht mehr konstruktiv umgehen könnte. Während des Beendens beim nächsten Meeting teilte Justa der Gruppe ihre kritischen Überlegungen mit:

„Mir wird es immer unangemehmer – bald werde ich ausgesprochen ärgerlich – jedes Mal, wenn mir klar wird, daß Lynn ihre Fragen immer an mich richtet, oder mich dauernd anstarrt und nie zuhört, wenn andere Leute in der Gruppe sprechen. Ich mache mir Sorgen, denn ich habe mich verpflichtet, die Machtverhältnisse zwischen uns gleichmäßig zu verteilen und diese

Interaktion macht aus mir eine Expertin, wenigstens was Lynn anbetrifft. Ich möchte alle in der Gruppe bitten, darüber nachzudenken und Eure Eindrücke beim nächsten Meeting mitzuteilen – die vielleicht nicht die gleichen wie meine sind – damit wir darüber reden können, was hier geschieht und wie wir sicher sein können, daß wir die Machtverhältnisse hier verändern".

Beim Check-in in der nächsten Woche, antwortete Betty auf Justas Kritik, indem sie sagte, daß das Problem zwischen Lynn und Justa ein Persönlichkeitskonflikt sei und daß Justa übersensibel sei, was ihren Status als erfolgreiche Schriftstellerin beträfe. Chullie sagte, daß sie die Bewunderung Lynns für Justa bemerkt habe und diese ablehne, weil die andern dadurch ausgeschlossen würden. Sie machte den Vorschlag, daß die Gruppe herausfinden sollte, welchen Anteil jedes einzelne Mitglied an der Interaktion zwischen Lynn und Justa hätte. Sue äußerte sich nicht zu dem Problem während des Check-in. Lynn brach in Tränen aus und leugnete, daß sie Justa anders behandle als alle andern. Nach mehreren Beiträgen, gab es immer mehr Verwirrung und Mißverständnisse in der Gruppe und man kam überein, daß man sich später in der Woche noch einmal treffen würde, nur um dieses Problem unter die Lupe zu nehmen und daß die anderen Aufgaben „auf Eis gelegt würden", bis sie diesen Konflikt gelöst hätten.

In Anbetracht dessen, daß die Prinzipien der Einheit der Gruppe das Ideal widerspiegelten, daß die Mitglieder dieser Gruppe nach besseren Methoden der Zusammenarbeit suchten und versuchten, die Machtverhältnisse auszugleichen, hatten sie es hier mit einem Konflikt zu tun, der als ein Problem zwischen zwei Personen einzigartig bleiben könnte. Wenn sie ihn jedoch als ein Problem zwischen zwei Individuen abtaten, würde dieses Problem weiterhin die effektive Zusammenarbeit in der Gruppe belasten. Als die Zeit für das Meeting gekommen war, um das Problem zu diskutieren, übernahm Susan die führende Rolle und bereitete eine SOPHIA vor, die ganz bewußt die Aufmerksamkeit der Gruppe auf deren Prinzipien der Einheit lenkte: „Wir werden versuchen die Machtverhältnisse zwischen uns im Gleichgewicht zu halten." Sie konfrontierte die Gruppe mit folgenden Überlegungen: Wie nimmt jede von uns jetzt die Situation wahr, nachdem wir darüber nachgedacht haben? Welche neuen Möglichkeiten können wir uns vorstellen, um unsere Machtverhältnisse auszugleichen?

Chully sagte, daß sie den Eindruck hätte, daß Justa sich oft sehr eloquent zu einem Diskussionsthema äußere, aber andern keine Chance gäbe, ihren Standpunkt vorzutragen. Chully bemerkte außerdem, daß Justas Fähigkeit, sich so gewandt ausdrücken zu können, wirklich einschüchternd auf sie wirke. Betty, die von diesen Dingen noch nichts bemerkt hatte, teilte mit, daß die offene Besprechung des Konflikts ihr den Eindruck vermittele, daß sie sich immer noch wie ein echter Neuling in der Gruppe vorkäme und sie sich jetzt klar darüber geworden sei, daß dieser Eindruck sie in ihrer Rolle als Schriftstellerin ziemlich bremsen würde. Lynn, die wirklich nicht beabsichtigt hatte, Justa auf unterschiedliche Weise zu behandeln, war sich drüber klar geworden, daß es eine Angewohnheit von ihr war, Menschen, die sie sehr respektierte, mit zu viel Ehrfurcht zu begegnen und daß sie sich durch diese Ehrerbietung ein Machtverhalten angewöhnt hätte, das sie als unbedingt geschmacklos empfand, aber sie wußte nicht, wie sie sich davon befreien könnte. Außerdem war ihr auch noch bewußt geworden, daß sie die besonderen Fähigkeiten, die Sue und Chullie in die Gruppe eingebracht hatten, nicht bemerkt hätte und vielmehr angenommen hätte, daß Betty und sie nur dazu gehörten, um zu lernen, wie man schreibt, und zwar von der einzigen Person, die sie als Expertin anerkannte.

Als die Gruppe begonnen hatte, über ihre Standpunkte eingehend zu diskutieren, ereigneten sich mehrere Dinge. Lynn gab ganz bewußt ihre Verhaltensweise, andere anzubeten, auf und bat die Gruppe um Feedback und um Unterstützung, da sie beabsichtigte, mit allen in der Gruppe ein Verhältnis aufzubauen, das auf gegenseitigem Respekt beruhte. Justa wurde sich bewußt, daß sie einem gewissen „Funktionszwang" unterlag, der ihr das Gefühl vermittelte, daß sie immer Antworten parat haben müßte und war erleichtert, daß sie sich entspannen und interagieren konnte, ohne belehren zu müssen. Sie war sich nicht bewußt gewesen, daß ihre stets paraten Antworten andere daran gehindert hätten, ihren Beitrag zu leisten. Sie begann mit der Affirmation zu arbeiten „Ich schätze die Fähigkeiten jedes einzelnen Mitglieds der Gruppe". Betty erhielt neue Anerkennung für ein Talent, von dessen Vorhandensein sie keine Ahnung gehabt hatte, nämlich ein Talent für Korrekturlesen und für ausgezeichnete Kenntnisse in der Orthografie. Sie verpflichtete sich, diese Fertigkeiten der Gruppe zugute kommen zu lassen. Alle lachten, als Justa zugab, daß sie (Justa) die schlechtesten Kenntnisse in der Orthografie hätte und die schlechteste Korrekturleserin sei, etwas, was die Gruppe bisher noch nicht bemerkt hatte. Sue und Chullie dachten über ihre Erfahrungen mit riskanten Unternehmungen und mit der Verantwortung nach, die sie übernommen hatten, um schwierige Einsichten in besonderen Situationen zur Sprache zu bringen. Sue hatte mutige Dinge während ihrer SOPHIA gesagt und wußte die Reaktionen der Gruppe zu schätzen. Chullie hatte sich mit den Auswirkungen von Justas Handlungen auseinandergesetzt, was sehr schwierig für sie gewesen war, da sie gefürchtet hatte, daß Justa dies mißverstehen könnte. Sue und Chullie wurde neuer Respekt zuteil für ihre Führungsqualitäten und für Ihre Fähigkeit, sich einer unbequemen Situation zu stellen, bis sie gründlich erforscht worden war.

Bei diesem Beispiel war der Schlüssel zur Konflikttransformation, das Zugeständnis der Gruppe, daß dieser Konflikt ein Problem der ganzen Gruppe war. Hätte die Gruppe weiterhin das Problem als ein zwischen Lynn und Justa existierendes Problem abgetan, hätte nichts Neues entstehen können; tatsächlich hätten die gleichen alten Muster von verletzten Gefühlen, fortwährendem Ärger und Frustrationen weiterexistiert. Durch die Tatsache, daß sie sich zum Konflikt bekannt hatten und ihn dann transformiert hatten, hatte jedes Individuum neue Erkenntnisse gewonnen, und herausgefunden, was ihre Stärken waren. Zudem hatte jedes Mitglied ebenfalls gelernt, neue Wege zu finden, um sich zu verändern und dadurch zu wachsen. Diese Gruppe hatte wirklich Fortschritte gemacht durch die Würdigung der Vielfalt in der Gruppe, wobei sie sich zur gleichen Zeit in zunehmendem Maße der einigenden Werte, auf denen ihre Vielfalt beruhte, bewußt geworden war.

Sich von Verhaltensweisen trennen, die Uneinigkeit am Leben erhalten

Uneinigkeit ist ein altbekanntes Phänomen bei Gruppen. Uneinigkeit verdeckt Gemeinsamkeiten, und lenkt Gruppen davon ab, Einheit und Vielfalt zu entwickeln. Viele der Dinge, die Uneinigkeit am Leben erhalten, sind Verhaltensweisen, die Leute gelernt haben als der „rechte", „bestimmte", „schlaue" oder „politische" Weg, um mit Gruppeninteraktionen umzugehen. In Wirklichkeit wurzeln diese Angewohnheiten in „Macht-über-Werten", wo angenommen wird, daß das Individuum mit der Gruppe und anderen Individuen nicht einig ist. Unterschiede zu integrieren wird als keine Möglichkeit angesehen, noch viel weniger als ein Wert. Diese Liste zeigt Beispiele von dem, was geschehen kann, wenn die Vielfalt gefördert wird im Gegensatz zu dem, was geschehen wird, wenn man sich uneinig ist.

| *Vielfalt* | *Uneinigkeit* |

Wenn ich überzeugt bin, daß mein Standpunkt der einzig vernünftige ist:

| *Ich nehme mir die Zeit, um herauszufinden, was andere denken.* | *Ich wiederhole mich ständig, damit alle es hören können.* |

Wenn eine Diskussion spannungsgeladen ist, und sich „gegnerische Parteien" bilden:

| *Ich ermutige die Diskussion, damit jeder Standpunkt ohne Einschränkung vorgebracht werden kann.* | *Ich weiß meistens auf welcher Seite ich stehe und verliere die Geduld, wenn sich eine Diskussion zu lange hinauszieht.* |

In einem Meeting:

| *Ich achte darauf, daß ich meine Meinung sage und beschränke mich in meiner Aussage, damit andere sich zu dem Problem äußern können.* | *Ich achte darauf, daß ich meine Meinung in allen Einzelheiten darlege, damit andere über alle Implikationen meiner Erkenntnisse Bescheid wissen.* |

Wenn ich mir bewußt bin, daß ich durch etwas, was ich gesagt habe, andere vor den Kopf gestoßen habe:

| *Ich lasse mir das, was geschehen ist, einen Moment durch den Kopf gehen, und versuche, mich in ihre Lage zu versetzen.* | *Ich bin der Ansicht, daß es ihr Problem ist und daß sie sich den Kopf zerbrechen sollen, um es zu kapieren.* |

Wenn andere ihren Standpunkt vertreten:

Ich höre genau zu und lasse sie zu Ende reden, bevor ich mir meine Antwort überlege.

Ich weiß sowieso meistens, was sie sagen wollen und unterbreche sie, um meine Meinung zu äußern, damit die Diskussion flotter vorangeht.

Wenn in der Gruppe Uneinigkeit herrscht:

Ich fordere jede auf, ihren Standpunkt zu vertreten, damit wir ihn alle hören können und darüber nachdenken können, um eine Entscheidung zu fällen.

Meiner Ansicht nach wird man am besten damit fertig, wenn man einfach zugibt, daß man anderer Meinung ist, und sich nicht in Trivialitäten verwickeln läßt.

Wenn es mir unmöglich ist, an einem verabredeten Meeting teilzunehmen:

Ich stelle sicher, daß jemand meine Einwände zu relevanten Fragen kennt und bereit ist, die Gruppe darüber zu informieren.

Ich bin der Ansicht, daß ich alles beim nächsten Meeting nachholen und die Leute wissen lassen kann, was ich denke.

Einigende Werte und unterschiedliche Möglichkeiten schaffen

Der Schlüssel zur Transformation eines Konfliktes liegt darin, daß der Wert (oder die Werte) festgestellt wird, der die Gruppe zusammenbringt und danach müssen die einigenden Werte identifiziert werden, aus denen der Konflikt entsteht. Das ist keine leichte Aufgabe. Oft benennt die Gruppe den Konflikt selbst, aber auf eine Weise, daß der einigende Wert im Dunkeln verbleibt, aber in allen Gruppenkonflikten steckt wenigstens ein einigender Wert. Wenn es zu einem Konflikt kommt, dann beunruhigt etwas an diesem Konflikt die Gruppe auf erhebliche Weise. Wenn das Problem nicht beunruhigend wäre, dann gäbe es keinen Konflikt. Der Wert ist vielleicht kein Wert, den die Gruppe durchzusetzen versucht – es könnte sich sogar um einen Wert handeln, den die Gruppe zu überwinden sucht. Der Prozeß, der benötigt wird, um den einigenden Wert, der dem Konflikt zugrundeliegt, herauszufinden, ist immer hilfreich, wenn geklärt werden soll, welche Werte die Gruppe wählt. Wenn der einigende Wert oder die einigenden Werte einmal feststehen, können die Mitglieder der Gruppe verschiedene Möglichkeiten erforschen, um den Konflikt als solchen zur Sprache zu bringen.

Zum Beispiel besteht ein Konflikt, der bei feministischen Gruppen nicht ungewöhnlich ist, aus unterschiedlichen Perspektiven auf die Frage: „Was ist Feminismus?" Keine Gruppe wird jemals auf diese Art von Frage eine befriedigende Antwort geben und oft sind die Mitglieder einer Gruppe diese Debatten leid. Diskussionen, die darauf hinzielen, eine Antwort zu finden, führen zur Uneinigkeit, zur Polarisierung und zu ablehnenden Haltungen untereinander, weil man „politisch nicht richtig liegt". Stattdessen kann eine Gruppe die Aufmerksamkeit darauf richten, herauszufinden, welcher einigende Wert schuld daran ist, daß fortwährend über dieses Problem diskutiert wird. Dieser Konflikt wurzelt oft in tiefen Gefühlen und individuellen Werten, die einer Frage: „wer bin ich und wer sollten wir gemeinsam sein?" anhaften. Wenn die Gruppe sich zu einer Diskussion darüber entschließt, wer sie gemeinsam sein wollen, dann wird sie aller Wahrscheinlichkeit nach an einem konkreten Ausdruck ankommen, der tatsächlich zu all dem noch den Feminismus für die Gruppe definiert. Sie könnten zum Beispiel übereinkommen, starke Frauen zu sein, die die Erfahrungen aller Frauen schätzen und respektieren. Mit dieser Aussage können sie jetzt darüber diskutieren, wie verschiedene Definitionen vom Feminismus sich mit dem decken, „wer sie sein wollen" und ein großes Spektrum von Möglichkeiten für sich beanspruchen. Wenn sie übereinkommen, daß sie „Menschen, die aktiv alle Formen der Ungerechtigkeit in der Welt abzuschaffen versuchen", sein wollen, dann wird ihre Diskussion über verschiedene Formen des Feminismus auf irgendeine Weise anders verlaufen, aber es wird ihnen immer noch möglich sein, ein breites Spektrum an Definitionen vom Feminismus für sich zu beanspruchen. Wenn dieser „Schritt" zur Etablierung der einigenden Werte und der verschiedenen Möglichkeiten gemacht wird, hält sich die Gruppe von Diskussionen über individuelle Vorlieben (manchmal konkurrierenden), abstrakte Ideen oder individuelle Überzeugungen fern und bewegt sich in Richtung auf die kollektiven, konkreten Ziele, die sie zusammenbringen. Wenn die Gruppe in Arbeitsgruppen oder Unterrichtssituationen Zeit damit verbringt, einen Konsens für einen bestimmten Wert zu erlangen, den sie durchsetzen will, als „Leitstern" für ihre Arbeit (siehe Kapitel drei und elf für Vorschläge), dann kann sie ebenfalls die große Vielfalt der Perspektiven erforschen, die sie in die Lage versetzt, auf der Basis dieses Wertes zu handeln. Eine Gruppe begann zum Beispiel einen Konflikt wahrzunehmen, als Linda die Gruppe davon in Kenntnis setzte, welche finanziellen Verpflichtungen sie sich aufgeladen hatte. Über einen Zeitraum von mehreren Monaten ließen Mitglieder der Gruppe ihrem Ärger und ihren Ressentiments über Linda, weil sie so pingelig war, freien Lauf und auch über andere, weil sie entweder etwas unternommen hatten oder auch nicht, um das düstere finanzielle Bild entstehen zu lassen. Als die Gruppe sich ihre einigenden Werte näher ansah, wurde ihnen klar, daß ihnen allen die Fortführung des Projekts am Herzen lag. Um das Projekt fortzuführen, das war ihnen bewußt, mußten sie sich zu dem bekennen, was Linda ihnen klar zu machen versuchte, und das schätzen, was sie ihnen über ihre Finanzen beibringen konnte. Sie beschlossen, daß sie ihre ganze Energie darauf richten wollten, um finanzielle Stabilität zu schaffen, damit das Projekt aufrechterhalten werden konnte. Linda, die am meisten unter den Ressentiments der Gruppe zu leiden gehabt hatte, begann sich zu entspannen. Ihr scharfer Verstand und ihr Sinn für Humor stellten sich wieder ein und als sie der Gruppe alle Einzelheiten mitteilte, konnte sie das auf eine Weise tun, die es der Gruppe ermöglichte, offen zu sein. Als die Gruppe begann, die verschiedenen Wege unter die Lupe zu nehmen, die nach Ansicht der Mitglieder für die Gruppe in Frage kamen, um mit dem Problem fertigzuwerden, stießen sie auf viele kreative und nützliche Ideen, die bereits in der Gruppe existierten – Ideen darüber, wie man das Problem lösen könnte und die unbeachtet geblieben waren, weil die Gruppe sich auf Schuldzuweisungen und Verurteilungen wegen der „Ursache" des Problems konzentriert hatte. Mehrere Lösungen deuteten Möglichkeiten an, die verhindern konnten, daß die Situation in Zukunft noch einmal eintreten könnte – Möglichkeiten, an die Linda und die anderen, die verantwortlich waren für die Finanzen der Gruppe, noch nicht einmal im Traum gedacht hatten. Die wichtigste Veränderung, die sich einstellte, war die, daß sich der Stil der Interaktionen untereinander, wenn sie sich mit schwierigen Fragen beschäftigten, geändert hatte.

Wenn die Transformation eines Konfliktes unmöglich ist

Manchmal ist es nicht möglich, einen Konflikt zu transformieren. Die Mühe, eine Weile auf den Idealzustand hinzuarbeiten, lohnt sich unbedingt. Wenn alle Stränge reißen, kann es oft geschehen, daß es möglich *ist,* wenn man sich wirklich bemüht, den Idealzustand zu erreichen. Wenn Sie und die Gruppe schließlich erkennen, daß Sie einen Konflikt nicht im idealen Sinne lösen können, dann verwenden Sie Ihre Energie darauf, herauszufinden, was möglich *ist,* um bessere Verhältnisse zur Zusammenarbeit zu schaffen. In Gruppen, wo die Mitgliedschaft auf einer freiwilligen Basis beruht, könnte der Zeitpunkt gekommen sein, die Auflösung der Gruppe letztendlich ins Auge zu fassen (siehe Kapitel 10). Einige der freiwilligen Gruppen und die Gruppen, die zur Weiterarbeit verpflichtet sind, könnten Hilfe von außen suchen, um ein besseres Verhältnis zur Zusammenarbeit zu schaffen. Sogar wenn das Beste, was Sie erreichen können, Zustände sind, die weniger als ideal sind, können Sie Erkenntnisse mitnehmen, die aus der Erfahrung kommen und auf dieser Erfahrung in Zukunft aufbauen.

10

Period Pieces

Manche Dinge geschehen in jeder Gruppe periodisch, aber sie geschehen nicht bei jedem Treffen. Einige dieser Ereignisse sind angenehm und höchst willkommen. Andere sind weniger angenehm und nicht sehr willkommen. Die Prozesse von *Peace und Power* verlangen, daß man sich dieser periodisch eintretenden Fragen der Gruppe und der damit verbundenen Herausforderungen bewußt ist und sie erwartet. Gruppen, die schon eine Weile existieren, entwickeln Methoden und Rituale in Hinblick auf ihre voraussagbaren periodischen Ereignisse.

Periodische Überprüfung der Prinzipien der Einheit

Die Prinzipien der Einheit in regelmäßigen Abständen zu überprüfen ähnelt einem Großputz. Es ist etwas, das Gruppen oft hinauszögern oder vernachlässigen. Trotzdem ist es notwendig für das Wohlbefinden der Gruppe, und wenn es einmal erledigt ist, hat man ein gutes Gefühl! Manche Gruppen wählen einen Zeitpunkt im Jahr, um sich einen Überblick über das zu verschaffen, was erledigt ist und denken darüber nach, welche Veränderungen die Gruppe machen muß. Bei anderen Gruppen ist der Zeitpunkt gekommen, um die alten Prinzipien neu anzuschauen, wenn die Interessenlage sich verändert hat, wie zum Beispiel, wenn eine Aufgabe beendet ist oder wenn die Mitgliedschaft der Gruppe sich ändert.

Fragen, die hilfreich sind zur kritischen Überprüfung der Prinzipien der Einheit sind folgende:

Tun wir wirklich das, was dieses Prinzip besagt?

Wenn nicht, was *tun* wir dann?

Welches *Prinzip* meinen wir mit dem, was wir *tun?*

Im Friendship Collective begannen wir zum Beispiel mit dem Prinzip, daß wir keinen finanziellen Beitrag eines Mitglieds in Hinblick auf unsere Arbeit erwarten würden. In der Praxis stießen wir auf Ausgaben für jede einzelne Person, die als Teil für die Gruppe übrigblieben. Für einige Frauen bedeuteten diese Ausgaben ein Problem. Die Überprüfung unserer Prinzipien der Einheit machten es möglich, daß wir uns mit diesen Problemen auseinandersetzten und auf diese Weise konnten wir einen Weg finden, der die Belastung dieses unrealistischen Drucks offenlegte.

Offene oder geschlossene Gruppen?

Im Idealfall versuchen alle *Peace-und-Power*-Gruppen für gewöhnlich für alle offen zu sein, die der Gruppe beitreten wollen. Dies ist jedoch eine Entscheidung, die sorgfältiger Überlegung bedarf. Die Arbeit der Gruppe und der Zweck zu dem die Gruppe existiert, mag es vielleicht nicht als angebracht erscheinen lassen, daß die Gruppe völlig offen ist. Das Dilemma ergibt sich dann aus der Frage, wie man sich neuen Gedanken gegenüber offen verhalten kann, wie man die Vielfalt in die Gruppe integriert und trotz allem effektive Arbeit leistet.

Eine Möglichkeit, um dieses Dilemma in den Griff zu bekommen, wäre die, sich Offenheit als relativ und veränderlich vorzustellen, statt als gegensätzliche Wahl zwischen offen und geschlossen. Gruppen, die sich an Aufgaben orientieren, müssen bei der Mitgliedschaft auf ein Gleichgewicht achten, um die drängenden Ansprüche von Aufgaben zu befriedigen, die den zentralen Zweck für ihre Versammlungen ausmachen. Wenn die Ansprüche der Aufgaben sich ändern, findet eine natürliche Fluktuation der Bewegungen statt, denn einige Leute verlassen die Gruppe (manchmal zeitweilig), und andere treten ihr bei. Gruppen, die im wesentlichen von Dauer sind, wie eine Gruppe, die eine Zufluchtsstätte in der Gemeinde betreibt, können Zeiten festsetzen, wann sie offen für neue Mitglieder sind und eine Tradition entwickeln, um neue Mitglieder auszubilden und zu orientieren.

Leute, die einer laufenden Gruppe beitreten

Neue Mitglieder zu integrieren ist ein willkommener, aber schwieriger Übergang. In offenen Gruppen erweisen sich die Ansprüche, fortwährend neue Mitglieder zu integrieren, als eine Herausforderung, die weit mehr Zeit und Energie beansprucht, als die Gruppe normalerweise erwartungsgemäß beansprucht. Da *Peace-und-Power*-Gruppen nicht wie normale Gruppen „funktionieren", befinden sich Leute, die neu in der Gruppe sind, im wesentlichen auf neuem Territorium, in der Mitte einer Kultur, die ihnen vollkommen fremd ist. Die Wörter, die gesprochen werden, gehören vielleicht zu ihrem Vokabular, die Bedeutung der Wörter haben eine neue Bedeutung angenommen, die für die existierenden Mitglieder mittlerweile als selbstverständlich gilt. Leute, die die Sprache von *Peace und Power* zuvor noch nicht gehört haben, sind oft völlig durcheinander und versuchen, sich darüber klarzuwerden, was wirklich geschieht. Wenn eine Gruppe sich einmal verpflichtet hat, neue Mitglieder willkommen zu heißen, müssen sich die bestehenden Mitglieder ständig dieser Dynamik bewußt sein und müssen Wege einleiten, um diesen Übergang zu erleichtern. Bei jedem Meeting muß Zeit einkalkuliert werden, um das, was geschieht, zu erklären und transparent zu machen.

Gruppen, die auf eine relativ gleichmäßige Zuwachsrate bei der Mitgliedschaft angewiesen sind, können extra Zeiten im Jahr einplanen, wo als einziger Tagesordnungspunkt die Orientierung neuer Mitglieder vorgemerkt ist. Eine typische Tagesordnung für neue Mitglieder schließt einen kurzen mündlichen Überblick über die Geschichte der Gruppe ein, eine Zusammenfassung der Prinzipien der Einheit, eine Orientierung darüber, was die Gruppe tut und eine Beschreibung der Aufgaben, von denen erwartet wird, daß die von allen Mitgliedern zu leisten sind.

Im Emma-Buchladen-Kollektiv planten wir viermal im Jahr ein „Geratewohl" für die Aufnahme neuer Mitglieder, wenn die, die dem Kollektiv beizutreten wünschten, sich mit uns versammeln konnten und etwas über unsere Geschichte und unsere Prinzipien der Einheit lernen konnten und sich überlegen, was eine Mitgliedschaft bedeutete. Wir erwarteten, daß jede vier Stunden die Woche im Laden arbeiten würde und allmählich andere Aufgaben übernehmen würde, wie die Bestellung von Büchern, die Regelung der Finanzen, die Planung besonderer Ereignisse, die Zusammenarbeit mit anderen Gruppen der Gemeinde und die Raumpflege. In den drei Monaten, die einem „Geratewohl" folgten, erwarteten wir, daß neue Mitglieder sich an jeder der hauptsächlichen Aktivitäten des Ladens zusammen mit einem erfahrenen Mitglied des Kollektivs beteiligten, um die Aufgaben zu lernen. Auf diese Weise hatte jede die Gelegenheit, sich alles sorgfältig zu überlegen, bevor sie sich auf Dauer festlegte.

Ein Mitglied verläßt die Gruppe

In Gruppen bei denen es für neue Mitglieder keinerlei Aufnahmebeschränkungen gibt, ist das Verlassen der Gruppe eine einfache Angelegenheit. Man bezahlt keine finanziellen Beiträge mehr oder kommt nicht mehr zu den Zusammenkünften. In Gruppen, die einen Zweck verfolgen, der der persönlichen Entwicklung dient, wie zum Beispiel eine Lesegruppe oder eine Selbsthilfegruppe, könnte der Zweck der Gruppe zu einer Reaktion des „leben und leben lassen" für jemanden, der geht, führen.
Ein Mitglied, das eine Gruppe verläßt, hinterläßt jedoch oft eine Leere und die Leute möchten den Abschied offen auf irgendeine Weise würdigen. In einer Gruppe, wo sich aus dem Ausscheiden eines Mitglieds irgendwelche Konsequenzen für die Mitglieder der Gruppe ergeben, ist es außerordentlich wichtig, daß in den Prinzipien der Einheit verzeichnet ist, was die Gruppe tun will, wenn jemand ausscheidet. Es ist hilfreich, Traditionen um dieses Ereignis zu schaffen, die denen bei der Begrüßung neuer Mitglieder ähneln, damit dieses Ereignis sich als reibungsloser Übergang für die Gruppe und das Mitglied, das ausscheidet, erweist. Da dieses Ereignis sowohl ein Ende als auch einen neuen Anfang bedeutet, wäre eine Möglichkeit, dieses anzugehen, etwas, das dem Beenden ähnlich ist mit der vollständigen Anwesenheit aller bei dem Meeting, das man für ein Beenden beabsichtigt, das das Ausscheiden eines Indivduums betrifft. Jedes Mitglied der Gruppe nimmt sich die Zeit, um ihre Anerkennung auszudrücken, kritische Überlegungen hinzuzu-

fügen und eine Affirmation, die die Person, die ausscheidet, und auch alle in der Gruppe in die Lage versetzt, neue Erkenntnisse in die getrennte Zukunft mit hinüberzunehmen.

Aufforderung an ein Mitglied, die Gruppe zu verlassen

So schwierig es auch sein mag, manchmal herrscht eine Disharmonie zwischen den Energien der Gruppe und denen eines Individuums. Welches Problem dem auch immer zugrundeliegen mag, so wird eine Gruppe, die mit den Wertvorstellungen von *Peace und Power* arbeitet, dieses Problem auf eine konstruktive Weise angehen. Die Annahme, daß wir „bis in alle Ewigkeit glücklich miteinander leben können", ist ein Mythos, der einfach nicht mit der Realität vereinbar ist. Wenn man einen Abschnitt beendet und einen neuen beginnt, so ist das nicht unbedingt ein Mißerfolg. Es ist trotz allem eine traumatische Erfahrung für alle, die davon betroffen sind, wenn man sich Schwierigkeiten eingestehen muß, die dazu führen, ein Mitglied aufzufordern, aus der Gruppe auszuscheiden.

Wenn eine Gruppe feststellt, daß ein Mitglied nicht effektiv als Mitglied der Gruppe funktioniert, muß das Problem zuerst offen zur Sprache gebracht werden, wobei die lauterstens Absichten in die Diskussion eingebracht werden, damit sichergestellt ist, daß man sich auf eine Weise verhält, die mit den Prinzipien der Gruppe vereinbar ist. Die Gruppe prüft alle Möglichkeiten, um die Probleme zu lösen. Die Diskussion wird so lange fortgesetzt, bis jedes Mitglied überzeugt ist, daß der Weg, der gewählt wurde, gut für die Gruppe und liebevoll und fürsorglich für das Individuum ist.

Eine Gruppe beenden

Eine Gruppe beenden heißt nicht, daß sie ein Fehlschlag war. Oft bedeutet das, daß man den Zweck, zu dem diese Gruppe gebildet wurde, feiert. Wenn der Zweck nicht mit einer besonderen Aufgabe verbunden war, die die Gruppe in einem ordentlichen Paket einpacken kann, dann läßt sich der Zeitpunkt, an dem sich der Zweck erfüllt hat, möglicherweise nicht so leicht feststellen. So mag zum Beispiel eine Gruppe, die gebildet wurde, um eine andere Gruppe zu unterstützen, nach einer Weile feststellen, daß die Leute ihre Unterstützung aus einer anderen Quelle erhalten, die nicht vorhanden war, als die Gruppe zu Anfang gebildet wurde. Wenn dies eintritt, kann die Gruppe sich zu etwas entwickelt haben, das keine Existenzberechtigung mehr hat. Wenn die Anwesenheit bei den Zusammenkünften mehr als Last statt als Vergnügen empfunden wird, dann ist der Zeitpunkt gekommen, daß darüber nachgedacht wird, ob die Gruppe beendet werden sollte.

Anstatt die Gruppe einfach im Sande verlaufen zu lassen, sollte man ein besonderes Ereignis planen, bei dem die Gruppe dem Ende zustimmt. Das Ereignis bietet jeder die Möglichkeit, diesen Abschnitt ihrer Erfahrungen zu beenden und etwas davon in die Zukunft mitzunehmen. Eine Zusammenkunft für das abschließende Beenden einer Gruppe zu planen, kann eine bereichernde und das Wachstum fördernde Erfahrung sein.

11

Peace und Power in Institutionen und Gruppen

Lernen und Lehren kann im Interesse der Befreiung der Menschen sogar in Institutionen stattfinden, die zur Kontrolle der Gesellschaft erschaffen wurden.

Kathleen Weiler[1]

Wenn man *Peace und Power* in eine Gruppe einbringt, die in einer hierarchischen Struktur existiert, scheint das einem mächtigen Einfluß auf die Transformation ähnlich zu sein. Man kann alle Methoden von *Peace und Power* anwenden oder man kann sie anpassen oder nur einen Teil anwenden, um neuen Machtverhältnissen in traditionellen Gruppen näher zu kommen. *Peace-und-Power* Ansätze in bereits existierenden Institutionen anzuwenden, hängt davon ab, ob die Gruppe sich bewußt einem Wert verpflichtet, den sie frei gewählt hat. Leute können sich traditionellen Gruppen anschließen, wie Seminare, Workshops oder Komitees und erwarten, daß sie in gewohnter Weise ablaufen. Wenn eine andersgeartete Zusammenarbeit vorgestellt wird, müssen notwendigerweise die Gründe für diese Umstellung erklärt werden. Wenn die Gründe einen deutlichen Bezug zu dem haben, was der Gruppe schon vorschwebte, dann ist der Übergang relativ einfach. Die Gruppe kann *Peace-und-Power*-Ansätze als einen Weg erwägen, der ihnen dabei behilflich ist, ihre Wunschziele zu erreichen.

Seminare sind besonders traditionsträchtig und durch institutionelle Regeln gefesselt. In solchen Umgebungen sind die Ansätze von *Peace und Power* wie eine frische Brise; aber sie können die Leute auch verwirren, wenn ihnen nicht klar ist, weshalb die Veränderung stattfindet. Die traditionelle Unausgeglichenheit der Machtverhältnisse zwischen Lehrer und Schüler ist jedem, der eine Schule besucht hat, nur allzu bekannt, und jeder weiß, was er zu erwarten hat. Der Lehrer hat die Macht zu benoten, Meinungen und Beurteilungen zu äußern und zu reden. Die Institution bezeichnet einen Schüler als einen Empfänger von Noten, einen Empfänger der Meinungen und Beurteilungen durch den Lehrer und als den Zuhörer. Die Erwartungshaltungen, was die Rollen und Verhaltensweisen anbetrifft, sind nicht leicht zu überwinden und einige Erwartungen von seiten der Institution lassen sich nicht einfach ignorieren (wie zum Beispiel die Dokumentierung der Noten, die ein Symbol dafür sind, daß ein gewisser Lehrplan erfolgreich absolviert wurde oder daß die institutionellen Maßstäbe eingehalten wurden). Die zwei Werte, die den Teilnehmern eines Seminars willkommen sind, sind Empowerment für alle und die Entmystifizierung von Inhalt und Verfahren (insbesondere Verfahren zur Benotung). Obgleich die meisten vielleicht annehmen, daß diese Werte das Herzstück von dem, worum es in der Erziehung geht, darstellen, werden sie ironischerweise in den meisten Unterrichtssituationen beständig untergraben. Wenn ein Lehrer Alternativen in den Unterricht einbringt, die deutlich die Werte von Empowerment und Entmystifizierung darstellen, stellt sich ein drastischer Wandel der Ansichten darüber ein, wie „unterrichten" stattfinden soll.

Während es leicht ist, die Werte von Empowerment und Entmystifizierung anzunehmen, ist der tatsächliche Prozeß, die Wende zu vollziehen, eine Herausforderung für alle. Einige Leute heißen diese Veränderung willkommen, andere reagieren in unterschiedlichem Maße reserviert und andere sind von Anfang an dagegen. Wenn diejenigen, die dagegen sind, keine Alternativen haben, ist es ihnen vielleicht nicht möglich, diese Wende zu vollziehen. Wenn Individuen, die dagegen sind, eine Wahl haben, (sie können sich zum Beispiel in einem anderen Seminar des Studienganges eintragen), dann bleibt es ihnen überlassen, die Gruppe zu verlassen und sich für eine Alternative zu entscheiden. Individuen, die anfangs zögern, aber bereit sind in der Gruppe zu bleiben, erzählen häufig bewegende Geschichten über den Wandel, der sich in ihrem Inneren vollzog, während der Zusammenkünfte der Gruppe.

Wer *Peace und Power* in eine Gruppe einbringen will, mag es als hilfreich empfinden, eine schriftliche oder auch mündliche Orientierungshilfe vorzubereiten, die sich besonders auf die Arbeit der Gruppe bezieht. Konzentrieren Sie sich sowohl auf die Wende in den Werten als auch auf die Wende in den Prozessen, die Sie vorschlagen. In Unterrichtssituationen kann die Lehrerin ein Exposee für den Kurs vorbereiten, das die Werte deutlich macht und aus dem ersichtlich wird, wie der Prozeß jene Werte zum Leben erwecken wird. Ein Mitglied einer Arbeitsgruppe kann eine ähnliche Beschreibung vorbereiten, damit die Gruppe über die Angelegenheit nachdenken kann.

Die Art und Weise, wie die Ideen von *Peace und Power* die Arbeit von Gruppen in hierarchischen Institutionen beeinflussen, weist von Gruppe zu Gruppe große Unterschiede auf. Der Wert, den die Gruppe als ihr Prinzip anzunehmen beschlossen hat, bestimmt die Wahl der Methode. Wenn eine Gruppe zum Beispiel in einem Seminar beschließt, mit dem Wert des „Teilens" zu arbeiten als Mittelpunkt für die Zeit, die sie beisammen sind, gibt es viele Möglichkeiten, um dies zu realisieren. Durch die Rolle der Gastgeberin, die im Turnus wechselt, können sich die Mitglieder der Gruppe die Leitung untereinander teilen und sie können gemeinsam an allem teilnehmen durch den Vorsitz, der nach dem gleichen Verfahren während der Diskussionen weitergegeben wird. Die Gruppe kann ebenfalls für einige Übungen das Format der traditionellen Vorlesung als einen Weg wählen, um den Wert des Teilens durch die Lehrende darzustellen, damit Unausgeglichenheiten beim Lehrstoff vermieden werden. Oder sie können wählen, daß die Dozentin für einen Teil der Unterrichtszeit eine Vorlesung hält und daß der Rest des Seminars durch Diskussionen unter wechselndem Vorsitz stattfindet. Zusätzlich können die Teilnehmer der Gruppe Exposees ihrer schriftlichen Arbeiten miteinander teilen als ein Weg, um Gedanken frei auszutauschen. Die Möglichkeiten sind zahllos.

Der Schlüssel zu den Entscheidungen darüber, *was* und *wie* etwas getan werden muß, liegt in dem Wert, den die Gruppe anzunehmen gedenkt. Von da an kann die Vielfalt der Möglichkeiten von der Gruppe ausgehen. Die Gruppe kann dann regelmäßig überprüfen, wie gut sie bei der Realisierung des Wertes und bei den Änderungen der Verfahrensweisen, die sie miteinander anstreben, vorankommen.

Gruppen in Institutionen können den Wandel besser schaffen, wenn sie eine der Mächte des FRIEDENS für den Anfang wählen. Viele Gruppen arbeiten innerhalb von Traditionen, die Individuen voneinander distanzieren und voneinander trennen und sie begrüssen ein neues Ideal, das sie anstreben können. Wenn

eine der Mächte des FRIEDENS gewählt wird, entsteht ein einigender Wert, wird ein Mittelpunkt für die Veränderungen bei den Interaktionen geschaffen und eine Grundlage bereitgestellt für Zeiten, wenn die Verwirrung durch den Wandel zu überwältigen droht.
Die Mächte des FRIEDENS in Kapitel 2 und die Verpflichtungen in Kapitel 3 bilden die Grundlage für die Vorschläge in den folgenden Abschnitten. Hier ziehen die Vorschläge die typischen Herausforderungen in Betracht, auf die Sie stoßen werden, wenn Sie *Peace und Power* in eine existierende hierarchische Institution einbringen. Einige Vorschläge konzentrieren sich auf individuelle Verhaltensweisen, aber alle spiegeln fundamentale Veränderungen der Werte und der Haltungen wider, die die Gruppe zu ihrer eigenen Sache macht.

Die Macht des Prozesses:
Benötigte Strukturen, wie zum Beispiel Ziele, ein zeitlicher Rahmen oder Bewertungsverfahren dienen als Hilfsmittel, die eine Basis zur Verfügung stellen, von der aus man arbeiten kann, sie sind jedoch nicht der Mittelpunkt. Der *Prozeß* ist die wichtige Dimension, so daß die Struktur *nur* ein Hilfsmittel ist und nichts weiter. Während man die Strukturen anwendet, wird zum Mittelpunkt, *wie* die Interaktionen sich vollziehen, nicht die genaue Einhaltung einer vorgeschriebenen Verfahrensweise. Die Sprache dient als Hilfsmittel, um den Prozeß zu ermöglichen, geistige Vorstellungen zu schaffen, die die ungleichen Machtverhältnisse reduzieren, die durch die Institution bestimmt werden, und um neue Beziehungen zu schaffen. Der Prozeß selbst wird zum wichtigen Mittelpunkt der Diskussion zusammen mit dem „Inhalt" eines Seminars oder dem „Geschäft" einer Arbeitsgruppe. Prioritäten, die mit der Entscheidungsfindung in Zusammenhang stehen, ändern sich, sodaß die Dringlichkeit, Entscheidungen zu fällen, sich verringert und die Gruppe die

Weisheit lernt, die mit dem Prozeß kommt. Wenn dieser Wert zum Primärfaktor wird, kann sich das Beenden als mächtiges Hilfsmittel erweisen, um die Darstellung dieses Wertes zu erlernen.

Die Macht des Loslassens:
Alle Teilnehmer trennen sich von alten Angewohnheiten und Eigenschaften, um Raum zu schaffen für persönliches und kollektives Wachstum. Lehrer und Vorsitzende von Arbeitsgruppen trennen sich von ihren „Macht-über"-Haltungen und -Verhaltensweisen; und die Teilnehmer der Seminare und Arbeitsgruppen lösen sich von Haltungen wie: „sag mir, was ich tun soll" und eigenen Verhaltensweisen. Diejenigen, die dazu neigen, in einer Diskussion zu dominieren, trennen sich von ihrer Neigung, dauernd zu reden. Diejenigen, die dazu neigen, Stillschweigen zu bewahren, lassen ab von der Neigung, die Hände in den Schoß zu legen und abzuwarten. Alle Teilnehmer nehmen Verhaltensweisen an, die sie persönlich stark machen und die ebenfalls das Empowerment von anderen fördern. Alle Teilnehmer teilen ihre Gedanken miteinander, aber ändern ihren Blickpunkt zu dem uneingeschränkten Hören und Verstehen anderer Standpunkte.

Die Macht des Ganzen:
Verbindungen innerhalb der Gruppe zum Zwecke der gegenseitigen Hilfe werden ermutigt. Alte Gewohnheiten, die den Wettbewerb unterstützen, werden durch Handlungen ersetzt, die die Kooperation widerspiegeln. Jedes Individuum gewährleistet, daß jede in der Gruppe jegliche und alle Informationen hat, die zum Erfolg benötigt werden. Jedes Individuum ist dafür verantwortlich, daß es seine Talente und Fertigkeiten einsetzt, um die Interessen der Gruppe als Ganzes zu befriedigen. Jede Teilnehmerin, ob Lehrerin oder Studentin, Leiterin oder

Mitglied, ist der *ganzen Gruppe* gegenüber verantwortlich für die Durchführung besonderer Tagesordnungspunkte: wie die Gruppe auf dem Laufenden zu halten über Abwesenheiten, über frühes Verlassen der Zusammenkünfte, über Zuspätkommen, oder sie geben den Anstoß zu neuen Aktivitäten.

Die Macht des Kollektivs:
Jede Teilnehmerin wird berücksichtigt, um bei den Vorbereitungen einer Gruppe aktiv mitzuplanen. Die Gruppe bemüht sich, auf das einzugehen, was diejenigen benötigen, die sich auf individuelle Reisen begeben, wo andere vielleicht nicht hinfahren werden. Die Gruppe beschäftigt sich auf irgend eine Weise mit den Nöten derjenigen, die es besonders schwer haben. Individuen stehen nicht im Wettstreit miteinander. Stattdessen erkennt die Gruppe die Bedürfnisse jeder Einzelnen als gleichwertig an und beschäftigt sich damit. Die Gruppe zieht den Standpunkt jedes Mitglieds in der Gruppe in Betracht, wenn Entscheidungen getroffen werden.

Die Macht der Einheit:
Die Gruppe erkennt an, daß Einheit aus dem Ausdruck der verschiedenen Standpunkte resultiert, damit alle sie verstehen können, und sie in die Anerkennung eines jeden Individuums integriert werden kann, was als bereichernder und vollkommener empfunden wird. An dieser Anerkennung nimmt jedes Indivduum teil, um die Prinzipien, die die Gruppe darstellen möchte, zu erhellen. Dadurch daß sie die unterschiedlichen Perspektiven, die jede Person mitbringt, zu verstehen sucht, kann die Gruppe das, was sie eint, besser verstehen.

Die Macht des gemeinsamen Teilens:
Alle Teilnehmerinnen bringen Talente, Fertigkeiten und Fähigkeiten, die sich auf die Arbeit der Gruppe beziehen, mit und

engagieren sich aktiv dafür, diese Talente mit allen zu teilen. Leiterinnen und Lehrerinnen kommen in die Gruppe mit Fähigkeiten, die sie vorher erworben haben und die den Bedürfnissen der Gruppe gemäß geteilt werden unter der Überlegung, daß die Struktur ein Hilfsmittel ist. Mitglieder und Teilnehmer kommen in die Gruppe mit persönlichen Talenten, mit einem besonderen Werdegang und Erfahrungen, die jeder schätzt und teilt. Alle Teilnehmer kommen in die Gruppe und sind offen dafür, was andere mit ihnen teilen können, offen dafür, von jedem andern Mitglied zu lernen.

Die Macht der Integration:
Die Gruppe berücksichtigt alle Dimensionen einer Situation bei der Planung ihrer Arbeit. Die einzigartigen und selbst definierten Bedürfnisse eines jeden Individuums werden in dem Prozeß berücksichtigt und in ihn integriert. Jedes Mitglied, nicht nur die Leiterin, nimmt teil an der Festlegung wie die Arbeit der Gruppe getan werden soll. Der erste Teil einer jeden Zusammenkunft gilt der Zeit, in der jedes Mitglied seine Prioritäten, Bedürfnisse und Wünsche für die Zusammenkunft zur Sprache bringen kann, damit die Gruppe diese als einen Teil des Prozesses für diese Zusammenkunft integrieren kann.

Die Macht des Hegens und Pflegens:
Die Gruppe respektiert jedes Mitglied voll und ganz und ohne jegliche Vorbehalte und betrachtet jede Person als notwendig und als integralen Bestandteil für die Erfahrungen der Gruppe. Die Gruppe plant Aufgaben, Aktivitäten und Methoden, um das allmähliche Wachsen von neuen Fertigkeiten und Fähigkeiten zu fördern, wobei sie gewährleistet, daß *jedes* Mitglied die Ziele der Gruppe erfolgreich erfüllt und die individuellen Bedürfnisse befriedigt.

Die Macht der Verteilung:
Hilfsmittel, die für die Arbeit der Gruppe benötigt werden (Information, Bücher, Gelder, Transportmittel, Ausrüstung), werden für Mitglieder der Gruppe gleichermaßen zugänglich und verfügbar sein. Leute, die im Besitz von solchen Hilfsmitteln sind, die einzelne Mitglieder erwerben könnten, so wie Bücher, Ausrüstung oder Transportmittel (zum Beispiel von Bibliotheken, Labors, Reservelagern oder von Mitgliedern, die etwas gemeinsam besitzen), sodaß jedes Individuum, das eigene Mittel nicht auf diese Weise einsetzen möchte, oder dazu nicht in der Lage ist, den gleichen Zugang zu den Gegenständen hat. Die Gruppe spricht offen über Probleme, die aus der Ungleichheit an Gütern unter Mitgliedern entstehen, um Unausgeglichenheiten bei den Machtverhältnissen, die durch wirtschaftliche Privilegien und Nachteile aufrechterhalten werden, zu entlarven und zu überwinden.

Die Macht der Intuition:
Der Prozeß, der sich vollzieht und die Beschaffenheit dessen, was in der Gruppe angesprochen wird, hängt sowohl von der Erfahrung des Augenblicks als auch von jedem anderen Faktoren ab. Das, was sich als wichtig für die Gruppe erweist, damit sie es in dem Augenblick ansprechen kann, ist das, was geschieht. Die Gruppe läßt das, was eigentlich eintreten „sollte", los, um das möglich zu machen, was geschehen *wird*. Während die von der Institution festgelegten zeitlichen Richtlinien oder die Erwartungshaltungen Priorität haben müssen, erkennt die Gruppe andere Dinge an – was sich als wichtig für die Gruppe zu ergeben scheint und was die Institution als wichtig befindet. Dann erwägt die Gruppe, welche Priorität zuerst kommt und wie sie sich trotzdem beiden Prioritäten widmen kann.

Die Macht der Bewußtheit:
Die Gruppe wertet die ethischen Dimensionen des Prozesses als grundsätzlich für die Ziele und Zwecke, die der Gruppe durch die Institution auferlegt werden. Die Gruppe betrachtet jede Entscheidung unter ethischen Gesichtspunkten. Ein Teil jedes Meetings ist für das Beenden reserviert – Anerkennung, kritische Betrachtung und Affirmation – es dient als Weg für die Gruppe, damit sie sich den Werten bewußt nähert, die von dem, was getan wird, dargestellt werden und damit sie herausfindet, ob dies die Werte sind, die die Gruppe im Sinn hat.

Die Macht der Vielfalt:
Die Gruppe plant und führt beabsichtigte Prozesse durch, um Standpunkte von Individuen und Gruppen, mit deren Perspektiven sie sich für gewöhnlich nicht auseinandersetzt, zu integrieren. Die Gruppe schließt absichtlich Erfahrungen ein (durch Schriften, persönliche Begegnungen, Lyrik, Lieder, Dramen und weiterem) von Gruppen aus anderen Seminaren, von anderen Ländern, von Frauen. Den Vorsitz im Turnus weiterzureichen, ist eine Möglichkeit, um sicherzustellen, daß alle jede einzelne Stimme einer Gruppe hören, damit die Vielfalt, die in einer Gruppe existiert, Ausdruck findet.

Die Macht der Verantwortung:
Alle Teilnehmer übernehmen volle Verantwortung für ihre Rolle als Vermittlerin im Prozeß. Ein Weg, um Führungsqualitäten zu fördern ist der, die Rolle der Gastgeberin im Turnus weiterzureichen. Der Vorsitz im Turnus gewährleistet, daß jede eine Möglichkeit hat, Verantwortung dafür zu übernehmen, was in den Meetings der Gruppe geschieht. Jedes Individuum übernimmt Verantwortung, um die Prozesse, die bei all diesen Aktivitäten beteiligt sind, zu entmystifizieren, damit jedes Mitglied der Gruppe den gleichen Anteil an der Teilnahme und am Ver-

ständnis dessen hat, was geschieht. Im Unterricht werden die „Noten" zur Verantwortung jedes Individuums. Jede konzentriert sich auf das, was sie lernt und leistet. Die Lehrerin oder die Arbeitsgruppenleiterin hat die besondere Verantwortung, Hilfestellung zu geben bei der Entmystifizierung der Mechanismen der Institution und bei der Verdeutlichung des politischen Prozesses innerhalb der Institution.Schritte zu unternehmen, die Prozesse von *Peace und Power* in hierarchischen Institutionen anzuwenden, kann riskant sein, angsteinflößend und entmutigend. Manchmal schlagen Ihre Bemühungen fehl und manchmal scheint es, daß Gruppen nicht in der Lage sind, sich zu mehr zu befleißigen als zu bloßen symbolischen Akten der Zusammenarbeit auf Wegen, die sie sich vorstellen. Oft scheinen die erhofften Vorteile und eintretenden Veränderungen vollkommen unsichtbar, nur um erst sichtbar zu werden, lange nachdem die Gruppe beendet wurde. Ein möglicher wichtiger Schritt ist, um die Isolation, Furcht und Frustration zu überwinden, eine Gruppe außerhalb der Institution zu gründen, wo die Werte von *Peace und Power* sich voll entfalten können. Dabei handelt es sich meistens um eine freiwillige Gruppe, die sich zur Zusammenarbeit verpflichtet hat, um persönliche und soziale Veränderungen herbeizuführen. Wenn man eine Gemeinschaft erlebt und sei sie noch so klein, wo die Ideale in all ihrer Fülle verwirklicht werden können, dann schafft das einen Ort, wo man in seiner Mitte sein kann, wo sich Energien in einer heilenden Richtung konzentrieren, ein Ort, wo die Werte die man zu verwirklichen sucht, Rückendeckung erhalten werden und wo man all das, was möglich werden könnte, erforschen kann. Dann sind die Visionen der neuen Möglichkeiten da, irgendwo, wenn die Enttäuschungen der alten Welt über uns hereinbrechen.

Anmerkungen

Vorwort

[1] Margaretdaughters, Inc. wurde 1984 von Charlene Eldridge Wheeler und Peggy L. Chinn gegründet. Mit dem Namen wollten sie ihren Müttern, Margaret Eldridge und Margaret Tatum Tribut zollen, die uns die Wichtigkeit von „Tun was wir wissen" lehrten. Wir veröffentlichen feministische Schriften, wie auch Kalender und veranstalteten Workshops über die Anwendung von *Peace und Power* bis 1989, als wir unser Abenteuer als Herausgeber beendeten und uns einer großen und beachtlichen Anzahl von anderen kleinen feministischen Verlagen anschlossen, die sich ebenfalls den Realitäten der Verlagswelt beugten.

[2] Sues Dissertation trug den Titel: No More Fears: Peers talk to Peers. An Activist Approach to Primary Care. Vergleichen Sie ebenfalls ihren Artikel „The politics of caring: The role of activism in primary care", in Advances in Nursing Science, Juni, 1995, Bd.17, Nr. 4, pp. 1–11.

[3] Die weiblichen Kriegsopfer in Bosnien wenden gegenwärtig *Peace und Power* in ihrer Arbeit mit Merle Letkoff an.

Einführung

[1] Dieses Zitat stammt aus einer Sammlung von Beiträgen von Helen Forsey mit dem Titel *Circles of Strength: Community Alternatives in Alienation*, Philadelphia: New Society

Publishers, 1993, p. 1. Dies ist eine inspirierende Sammlung von Beiträgen, in denen Geschichten erzählt werden von beabsichtigten Gemeinschaften, aktivistischen Gemeinschaften, religiösen oder spirituellen Gemeinschaften – alles Gruppen von Menschen, die auf unterschiedliche Weise zusammen leben und arbeiten.

[2] Ebenfalls aus Forseys Sammlung, p. 2.

[3] Aus dem Vorwort zu Helen Forseys Sammlung in der ersten Anmerkung

[4] Die Verbindungen, die ich zwischen den Prozessen vom feministischen *Peace und Power* beschreibe, werden verdeutlicht durch das Werk von Elizabeth Frazer und Nicola Lacey in *The Politics of Community: A Feminist Critique of the Liberal-Communitarian Debate* (Toronto: The University of Toronto Press, 1993).

[5] Siehe Elise Boulding, *Building a Global Civic Culture*: *Education for an Interdependent World* (New York: Teacher's College, 1988). In ihrem Kapitel mit dem Titel „Conflict, Diversity, and Species Identity", spricht sie von den beiden Kulturen, der weiblichen und der männlichen und beschreibt die Arbeit, die Frauen durch die Kultur der Frauen geleistet haben, damit die Gesellschaft Bestand erhält (pp. 62–64).

[6] Mary Daly verwendet Bindestriche wie diese, um auf eine neue Möglichkeit innerhalb des Wortes hinzuweisen, in diesem Fall meint sie, die Stücke zusammenfügen, die „Glieder", von dem, was wir als Frauen wissen. Ihre Bücher *Gynn/Ecology* und das *Wickedary* stellen eine aufschlußreiche Studie über ihre Arbeit mit der Sprache und dem Wortgebrauch vor (siehe die vollständigen Anmerkungen im 2. Kapitel zu Mary Dalys Büchern).

[7] Diane Stein, *All women are healers: A Comprehensive Guide to Natural Healing* (Freedom, CA: The Crossing Press, 1980). Während dieses Buch hauptsächlich die verschiedenen Wege

des natürlichen Heilens erforscht, betrachtet Diane die Rolle der Frauen und deren Beiträge zum Heilen. Ihr Buch ist überall von reichhaltigen historischen Zeugnissen, verbunden mit gut unterrichteten Vermutungen über die Ursprünge des Heilens als eine weibliche Kunst, durchsetzt. Wenn Sie einen detaillierten historischen Überblick über Frauen als Heilerinnen suchen, lesen Sie das Buch von Jeanne Achterberg: *Woman as Heale*r (Shambala Publications, Boston, 1991).

[8] Eines der wichtigsten Bücher der feministischen Welle befaßt sich mit der konsequenten und hartnäckigen Ausradierung des Wissens und der Schriften von Frauen. In *Women of Ideas and What Men Have Done To Them* (Boston: Routledge & Kegan Paul, 1982), analysiert Dale Spencer das Schrifttum von Frauen von drei Jahrhunderten. Sie kommt zu dem Schluß: „Wir sind Frauen, die Wissen hervorbringen, das oft Unterschiede aufweist zu dem, was Männer in einer von Männern beherrschten Gesellschaft hervorbringen. Wenn ihnen das, was wir hervorbringen, gefällt, eignen sie es sich an, wenn sie das, was wir hervorbringen, verwenden können, werden sie es übernehmen (sogar gegen unsern Willen), wenn sie davon nichts wissen wollen, dann verlieren sie es. Aber ganz selten, wenn überhaupt, werden sie es so behandeln, wie sie ihr Eigentum behandeln" (p. 9). Über mehrere Jahre war dieses Buch vergriffen – eine schmerzhafte Erinnerung an die anhaltende Realität von Dales Erkenntnissen. Glücklicherweise hat Pandora Press 1989 eine Neuauflage herausgegeben und so wird dieses Buch im Handel bleiben.

[9] Diese Fragen wurden durch eine Diskussion über die Bedingungen von Gruppen inspiriert, die den Konsens unterstützen, wie er in *Building United Judgement: A Handbook for Consensus Decision-Making* von Michel Avery, Brian

Auvine, Barbara Streibel und Lonnie Weiss vorgestellt wird. Dieses Buch ist eine ausgezeichnete Hilfe, wenn Ihre Gruppe wichtige Entscheidungen durch Konsens fällt. Es wird von dem Center for Conflict Resolution veröffentlicht, 731 State Street, Madison, WI 53703. Die Telefonnummer ist: (608) 255-0479.

[10] Viele Leute teilten uns ihre Gedanken mit über die Schaffung einer Friedensliste, die machbar ist. Sie waren sich jedoch nicht bewußt, daß ihre Gespräche unser Denken beeinflussen würden. Wir standen besonders unter dem Einfluß von den Worten und der Weisheit von: Connie Blair, Lorraine Guyette und anderen Studenten, die die Promotion anstrebten (University of Colorado, School of Nursing, Frühling 1991), Pat Hickson, Janet Quinn, Carole Schrieder und ihre Kinder Ben und Morgan, Kelleth Chinn und Christine Tanner.

Kapitel 1

[1] Francis Moore Lappe', *Diet for a Small Planet: Tenth Anniversary Edition.* (New York: Ballentine Books,1990), p.15

[2] Anne Cameron, *Daughters of Copper Woman.* (Press Gang Publishers, 603 Powell Street, Vancouver, British Columbia, 1981), p. 53. Durch die alten Mythen der Eingeborenenfrauen von Vancouver Island bietet Anne Cameron „eine strahlende Vision der Frau" wie die spirituelle und gesellschaftliche Macht von Frauen – obgleich sie fortwährend auf unbarmherzige Weise herausgefordert wird – Bestand haben und überleben kann (vom Bucheinband auf der Rückseite). Im Vorwort stellt Cameron fest: „ Von diesen wenigen Frauen (die eingeborenen Frauen, die ihr die Geschichten erzählt haben) mit der Hilfe eines Frauenkollektivs, an alle anderen Frauen, mit Liebe und in schwesterlicher Verbundenheit sei

dieser sprunghafte Wandel im Glauben gewidmet, damit die Fehler und der Mißbrauch der Vergangenheit nicht weiter andauern brauchen. Es gibt einen besseren Weg, Dinge zu tun. Einige von uns erinnern sich an diesen bessern Weg."

3 Anne Cameron, siehe obige Anmerkung, p. 63.

4 Elise Boulding, *Building a Global Civic Culture: Education for an Interdependent World.* (Teachers College Press, New York, 1988), p. 158.

5 Barbara Walker hat mit ihrem Werk, das die uralten Weisheiten der Frauen und ihrer Rolle in der Vergangenheit als Frauen im Ältestenrat untersucht, einen äußerst wichtigen Beitrag geleistet. Sie bezieht ihre Information aus sorgfältig recherchiertem historischen Schrifttum, um ihre scharfsichtigen Erkenntnisse auf gegenwärtige Ereignisse und Umstände zu übertragen. Siehe im besonderen *The Crone* (San Francisco: Harper & Row, 1983), *The Woman's Encyclopedia of Myths and Secrets* (New York: Harper & Row, 1983) und *The Sceptical Feminist: Discovering the Virgin, Mother and Crone* (San Francisco: Harper & Row, 1987).

6 Charlene und ich entnahmen die Definition für „Praxis" dem Buch *Pedagogy of the Oppressed* by Paulo Friere, New York: The Seabury Press, 1970, p. 36. Die von uns adaptierte Version betont die Gleichzeitigkeit von Gedanke und Handlung.

7 In *A Passion for Friends: Toward a Philosophy of Female Affection* (Boston: Beacon Press, 1986), beschreibt Janice Raymond eine Vision von weiblicher Zuneigung, eine Fähigkeit, innerlich berührt zu werden und gleichfalls andere Frauen zu bewegen, eine Vision, die einem Meilenstein gleichkam. Diese tiefe Erfahrung der weiblichen Freundschaft, die innerhalb der kulturellen Verpflichtung gebildet wird, die Frauen ihrem Selbst gegenüber und untereinander eingehen, ist die Grundlage zum persönlichen und politischen Empowerment von Frauen.

[8] Eine umfassende Untersuchung des feministischen Begriffs von „Empowerment" befindet sich in der ersten Ausgabe von *Woman of Power: A Magazine of Feminism, Spirituality and Politics,* Spring, 1984. Diese Zeitschrift erscheint alle drei Monate bei Woman of Power, Inc, P.O. Box 827, Cambridge, MA 02238.

[9] Bewußtheit ist ein zentrales Thema der feministischen Literatur. In *The Politics of Reality: Essays in Feminist Theory* (The Crossing Press, 1983), Marilyn Frye untersucht ein breites Spektrum fundamentaler Fragen einschließlich Unterdrückung, Sexismus und Rassismus. In ihrem Essay mit dem Titel „Lesbischer Feminismus und die Bewegung für die Rechte der Schwulen: Ein weiteres Beispiel für männliche Überlegenheit, ein weiterer Separatismus", schreibt sie „Einer der Vorzüge normal und unauffällig zu sein, ist ein gewisses mangelndes Bewußtsein. Wenn man das ist, was der Norm in unserem sozialen Umfeld entspricht, braucht man nicht darüber nachzudenken... wenn man jedoch zu einer Randgruppe gehört, ist es kein Privileg, nicht zu merken, was man ist. Das Fehlen des Privilegs ist das Vorhandensein des Wissens (p. 146).

[10] Eine klassische Sammlung feministischer Schriften aus den späten sechziger und den frühen siebziger Jahren kann man bei *Radical Feminism* haben, dessen Herausgeber Anne Koedt, Ellen Levine und Anita Rapone (New York: Quadrangle, 1973) sind. In dem Essay „The Tyranny of Structurelessness" untersucht Joreen die informellen elitären Muster der Entscheidungsfindung, die in strukturierten und nicht strukturierten Gruppen existiert, und die wesentlichen Elemente der „demokratischen Struktur", die notwendig ist zur Erreichung von gesunden Funktionen innerhalb einer Gruppe. Diese Elemente schließen ein: Bevollmächtigung durch die Gruppe, Verantwortung der Gruppe gegen-

über, gemeinsam ausgeübte Autorität, Aufgaben nach dem Prinzip der turnusmäßigen Weitergabe anhand von sinnvollen Kriterien, Weitergabe von Informationen und gleicher Zugang zu den Ressourcen. Unser Begriff von Konsens baut auf diesen Begriffen auf und erweitert sie.

11 In *Pure Lust: Elemental Feminist Philosophy* (Boston: Beacon Press, 1984), schreibt Mary Daly: „Obgleich Freundschaft zwischen allen Feministinnen nicht möglich ist, können an der Funktion des Be-freundens alle teilhaben, und alle können aus der transformierenden Aktivität profitieren. Be-freunden schließt die Ver-flechtung in einen Zusammenhang ein, in dem Frauen die Transformation ihres Selbst wahrnehmen, die Metastruktur des Seins. Deshalb deutet es die Schaffung einer Atmosphäre an, in der es Frauen ermöglicht wird zu Freunden zu werden. Jede Frau, die zu der Erschaffung dieser Atmosphäre beiträgt, hat die Funktion eines Katalysators für die Evolution anderer Frauen und für die Schließung und Entfaltung echter Freundschaften" (p. 374).

Kapitel 2

1 Notizen aus einem Interview über „die Macht von Frauen" mit Joanna Rogers Macy in *Woman of Power*, Frühjahr, 1964, Seite 12. Joanna Rogers Macy ist Mitbegründerin von Interhelp (P.O. Box 331, Northampton, MA 01060), einer internationalen Organisation, die Workshops über „Verzweiflung und Empowerment im Atomzeitalter" abhält. Bobby Levi, die diese Workshops in Massachusetts leitet, hat dieses Interview für *Woman of Power* zur Verfügung gestellt.
2 Notizen aus einem Interview über „die Macht von Frauen" mit Diane Mariechild in *Woman of Power*, Frühjahr, 1984, Seite 18. Diane Mariechild ist Mutter, Lehrerin, Heilerin und

Autorin von *Motherwit: A Feminist Guide to Psychic Development* (Freedom, CA: The Crossing Press, 1981).

[3] Grace Rowan, „Looking for a New Model of Power." *Woman of Power*, Frühjahr 1984, p. 67. Sie beschrieb sich in dieser Ausgabe als „die Mitbegründerin eines Frauenhauses. Sie sieht sich als eine Frau, die Macht hat und gebraucht diese Macht in ihrer Praxis als Psychologin und zu Heilungen. Sie ist eine weise alte Frau auf dem Weg zur Ganzheit".

[4] In diesem Kapitel schreibe ich die Buchstaben des Wortes **PEACE** groß in Fettdruck, um hervorzuheben, daß dieses Wort für Praxis, Empowerment, Bewußtheit, Konsens und Engagement steht – die Absichten und Prozesse, die nötig sind, um eine Gemeinschaft aufzubauen.

[5] Charlene und ich veröffentlichen zuerst ein Modell für die patriarchalische Macht und ihre feministischen Alternativen in *Cassandra: Radical Feminist Nurses News Journal*, Vol.2 #2, May 1984, p. 10. Dieses Modell ist im wesentlichen das gleiche Modell, aber ich habe die „Etiketten" ausgewechselt, um deutlicher zu machen, was jede einzelne Machtstruktur *macht*, statt ein Etikett zu verwenden, das traditionsgemäß mit dem verbunden ist, aus dem es entstanden sein soll. Als wir ursprünglich diese Gedanken entwickelten, diente uns als Bezugspunkt : *The Aquarian Conspiracy: Personal and Social Transformation in the 1980s* (by Marilyn Ferguson, Los Angeles: J.P. Archer, Inc., 1980).

Ferguson identifizierte das aktuelle Modell nicht als „patriarchalisch", aber sie stellte das aktuelle Modell den transformierenden Formen der Macht gegenüber, die in den letzten 25 Jahren des 20. Jahrhunderts in Erscheinung traten. Wir übernahmen einige ihrer Benennungen für die verschiedenen Erscheinungsformen der Macht, aber wo wir das taten, faßten wir sie in Begriffe unseres eigenen feministischen Bezugrahmens.

Als wir die dritte Auflage dieses Buchs vorbereiteten, lieferte Nancy Greenleaf die Erkenntnisse und Vorschläge, die dazu führten, daß wir die patriarchalische Macht der Anhäufung und die feministische alternative Macht der Verteilung miteinbezogen. In einem Brief vom 7. Februar 1989 schrieb Nancy, nachdem sie den fast fertiggestellten Entwurf des Manuskripts kritisch durchgesehen hatte: „ Ich hatte das Gefühl, daß ich Eurem Machtmodell noch ein weiteres hinzufügen möchte ...etwas, das die Macht der „freien Marktwirtschaft" ins Gespräch bringt, eine gottähnliche „unsichtbare Hand", die diejenigen, die für würdig befunden werden, von denen, die für unwürdig befunden werden, trennt, und sich „Eigeninteresse" als primär motivierende Kraft anmaßt. Diese Ansicht von Macht ist untrennbar verbunden mit den patriarchalischen Vorstellungen, betrifft jedoch ganz besonders das materielle (ökonomische) Wohlbefinden. Die feministische Alternative ist die Macht, die aus dem gemeinsamen Besitz von Gütern, aus Nahrungsmitteln, Land oder Raum entsteht und der Privatisierung von Eigentum entgegensteht. Die feministische Alternative würde eine Verpflichtung bedeuten, auf materielle Ungleichhcit hinzuweisen und sie bloßzustellen."
Charlene und ich benannten und beschrieben die feministischen Alternativen, die wir jetzt die Mächte des FRIEDENS nennen, aus einem breiten Spektrum feministischer Theorie, so wie auch aus unsern eigenen Erfahrungen durch die Arbeit in feministischen Gruppen. Es ist unmöglich alle Quellen aufzuführen, die die Schaffung dieses Modells beeinflußten; zusätzlich zu den Quellen, die in Kapitel eins zitiert wurden, waren die folgenden Quellen jedoch besonders wichtig für uns:
Louise Bernikow, *Among Women*. New York: Harmony Books, 1980

Charlotte Bunch, *Passionate Politics: Feminist Theory in Action*. New York: St. Martin's Press, 1987.

Mary Daly, Gyn/Ecology: *The Metaaethics of Radical Feminism,* 1978; *Pure Lust: Elemental Feminist Philosophy, 1984*; und *Webster's First New Intergalactic Wickedary of the English Language* (in Zusammenarbeit mit Jane Caputi), 1987. Herausgeber aller Titel ist die Beacon Press, Boston, MA.

Andrea Dworkin, *Right-Wing Women*. New York: Perigree Books, 1983

Riane Eisler, *The Chalice and the Blade*, San Francisco: Harper & Row, 1987.

Susan Griffin, *Women and Nature: The Roaring Inside Her*. New York: Harper Colophone Books, 1978.

Sarah Lucia Hoagland, *Lesbian Ethics: Toward New Value*. Palo Alto, Institute of Lesbian Studies, 1988.

bell hooks, *Feminist Theory: From Margin to Center*. Boston: South End Press, 1984.

Pam McAllister, (ed): *Reweaving the Web of Life: Feminism and Nonviolence*. Philadelphia: New Society Publisher, 1982.

Kate Millett, *Sexual Politics*. New York: Avon Books, 1969.

Cherrie Moraga, and Gloria Anzaldua (eds): *This Bridge Called My Back*: Writings by Radical Women of Color. Watertown, MA: Persephone Press, 1981.

Robin Morgan, (ed): *Sisterhood is Powerful: An Anthology* of *Writings From the Women's Liberation Movement*. New York: Vintage Books,1970.

Nel Noddings, Women and Evil. Berkeley: University of California Press, 1989.

Adrienne Rich, *On Lies, Secrets and Silence: Selected Prose 1966 1978*. New York: W.W. Norton, 1979.

Kapitel 4

[1] Margo Adair, *Working Inside Out: Tools for Change*. Berkeley: Wingbow Press,1984, p. 284. Dieses Buch ist ein mächtiges, ein heilendes Buch, das wertvolles Werkzeug liefert, um die persönlichen, spirituellen und politischen Aspekte unseres Lebens auf individueller und auf kollektiver Ebene zu vereinen.

[2] Kathleen MacPherson bestimmte zuerst vier Komponenten, um die herum das Kollektiv für die Wechseljahre (Menopause Collective) seine Prinzipien der Einheit aufbaute.
Ihre Erfahrung steht in Bezug zu ihrer Dissertation mit dem Titel: „Feminist Praxis in the Making: The Menopause Collective", die sie im Jahre 1986 in der Universität von Brandeis beendete. Diese Komponenten bei *Peace und Power* entstammen Kathleens Gedanken, sowohl wie den Ideen und Erfahrungen des Friendship Collective, das beträchtliche Mühen darauf verwandte, um seine Prinzipien der Einheit zu entwickeln.

[3] Für weitere Informationen zu den frühen Schriften des Friendship Collective, siehe: „Just Between Friends: AJN Friendship Survey", November 1987, pp. 1456–58, und „Friends on Friendship", *American Journal of Nursing*, August 1988, p. 1094–96. Die Namen der Mitglieder des Friendship Collectives werden in den Danksagungen in diesem Buch aufgeführt.

Kapitel 5

[1] Gruppen, die eine Mitgliedschaft von sechs bis fünfzig Personen aufwiesen, haben die Prozesse von *Peace und Power* angewendet. Bei Gruppen, denen weniger als sechs Teilnehmer angehören, ist es leicht, den Prozeß zu „überspringen"

und gleich in eine gesellige Interaktion zu „schlüpfen". In Gruppen, die fünfzig Teilnehmer haben, bewirkte der Prozeß, daß jede das Gefühl hatte, dazu zu gehören und uneingeschränkt teilzunehmen.

2 In *Pure Lust*, Boston Press, 1984, schreibt Mary Daly: „zuallererst sollten chronische Nörgler sich einprägen, daß wirkliche Gegenwärtigkeit Vorausschauen beinhaltet – 'im voraus fühlen oder wahrnehmen'...Wenn Frauen unserem Selbst gegenwärtig sind...vorausschauend sein heißt durch Hoffnung belebt.

Diese vorausschauende Gegenwärtigkeit ist wirklich mächtig, denn sie impliziert unsere Fähigkeit vorauszuschauen, das bedeutet 'etwas in Ort und Zeit gegenwärtig zu machen oder wiederzugeben; bewirken, daß etwas als gegenwärtig wahrgenommen oder erkannt wird' (OED). Wahre Gegenwärtigkeit des Selbst besagt das Teilhaben an Mächten des Seins und beinhaltet dann Mächte, die zur Wahrnehmung unseres vergangenen oder zukünftigen Selbst als gegenwärtig beitragen" (pp. 147–148).

3 Susan Cady, Marian Roman und Hal Taussig, *SOPHIA: The Future of Feminist Spirituality*, San Francisco: Harper & Row, 1986. Jane Caputi erklärt ebenfalls die Bedeutungen von Sophia in *Gossip, Gorgons & Crones*, Santa Fe, NM: Bear and Company Publishing, 1993.

Kapitel 6

1 Wir danken Anne Montes aus Buffalo, New York, dafür, daß sie uns ihre Gedanken näher brachte und daß sie Random Ravings an ihren Erkenntnissen teilhaben ließ.

Kapitel 7

[1] Das Buch des Center for Conflict Resolution mit dem Titel *Building United Judgment: A Handbook for Consensus Decision Making* (1981), liefert eine ausgezeichnete und vielschichtige Diskussion der Prozesse, Möglichkeiten und Herausforderungen, die sich herauskristallisieren, wenn man eine Entscheidung durch Konsens fällt. Diese Fragen werden erhellt durch ihre Vorschläge und Erkenntnisse. Die Adresse des Centers ist: 731 State Street, Madison, WI 53703.

Kapitel 8

[1] Als Charlene und ich im Emma Collective waren, benutzte das Kollektiv diese Richtlinien zu einer vierteiligen kritischen Stellungnahme, die von Issues Radical Therapy im Jahre 1976 als kleines Handbuch von Grace Lyons veröffentlicht wurde: *Constructive Criticism: A Handbook*. Jahrelang war das Buch von Grace vergriffen und wir konnten es nicht finden. 1988 wurde es in einer überarbeiteten Auflage von Wingbow Press herausgegeben. Es wird vertrieben von Bookpeople, 2929 Fifth St., Berkeley, CA 94710. Die Überarbeitung bleibt eins der besten Hilfsmittel, um diese wichtige Fertigkeit zu erlangen. Die Ansätze zur kritischen Betrachtung von *Peace und Power* machen Gebrauch von Graces praktischen Richtlinien. Zusätzlich haben wir viele ihrer Vorschläge in unsere Ansätze zur Konflikt-Transformation miteinbezogen.

[2] Margo Adair, *Working Inside Out: Tools for Change*. Berkeley: Wingbow Press, 1984. Um spezifische Informationen darüber zu erhalten, wie man Affirmationen im eigenen Leben anwendet, um einen Wandel zu erreichen, siehe Kapitel drei, „Creating a Language to speak to Your Deeper Self."

³ Aus Margo Adairs Buch, siehe letzte Anmerkung , p. 46.
⁴ Beachten Sie, daß diese Fragen direkt aus FRIEDEN stammen, die Absicht, mit der Sie den Prozeß beginnen. Siehe Kapitel eins.
⁵ In einem Artikel mit dem Titel „With Gossip Aforethought" in der ersten Ausgabe von *Gossip: A Journal of Lesbian Feminist Ehtics,* erklärt Anna Livia, wie wichtig es ist, den Anlaß und die Quelle der Information zu nennen, um Vertrauen aufzubauen, besonders dann, wenn mündliche Geschichten, die wir uns gegenseitig erzählen, unser hauptsächlicher wenn nicht einziger Weg ist, um herauszufinden, was wir wissen müssen, um zusammen arbeiten zu können. Es ist vernünftig, die Frage zu stellen, wo ein besonderes Gerücht herkommt. Wenn eine Lesbierin sich weigert etwas zu sagen, so geschieht das offensichtlich, um ihre Quelle und sich selbst zu schützen. Warum braucht sie Schutz, und vor wem, wenn sie ehrlich behauptet, daß das, was sie sagt, der Wahrheit entspricht? Wenn Sie nicht sagen wollen, woher Sie etwas wissen (von einer Person oder einer Situation) sollen wir dann denken, daß Sie dic Geschichte erfunden haben?" (p. 62). *Gossip* wird von Onlywomen Press Ltd. 38 Mount Pleasant London WCIX OAP herausgegeben.
⁶ Gracie Lyons Buch (siehe die erste Anmerkung, p. 121) enthält eine ausgezeichnete Liste von Wörtern, die Gefühle ausdrücken, um Hilfestellung zu geben beim Einordnen von Wörtern, die nur Schuldzuweisungen bedeuten bis zu solchen, die nur Gefühle wiedergeben.
⁷ Elizabeth Berrey aus Cleveland, Ohio ersann diese Affirmation und machte sie sich im Friendship Collective zu eigen. Es ist eine Aussage, die das widerspiegelt, was sie immer wieder vielen Freunden und Kollegen in der Arbeit und im Spiel des Lebens bedeutet hat.

Kapitel 9

[1] Es ist manchmal lehrreich, in einem Wörterbuch nach einer Definition von Wörtern zu suchen, was die Wörter in der Umgangssprache heute bedeuten. Außerdem noch nach den verschlungenen, miteinander verwandten Bedeutungsnuancen zu suchen, lohnt sich der Mühe. So wird zum Beispiel in *Webster's New Collegiate Dictionary* das Wort Konflikt gedeutet als: „konkurrierende oder gegnerische Aktion zwischen Unvereinbarkeiten"; „feindselige Begegnung". *The American Heritage Dictionary* beginnt gleich mit „eine hinausgezögerte Schlacht"; Kontroverse; Uneinigkeit; Opposition" und fährt fort, die Unterschiede zwischen Konflikt und Wettkampf zu erhellen (anscheinend liegt der Unterschied darin, wie groß die Gewalt ist, die angewendet wird). Wenn wir dann das Wort „feindselig, feindlich" aufsuchen, stoßen wir auf Wörter wie „Feind, Feindseligkeit, nicht gastfreundlich, unfreundlich". Man braucht sich nicht zu wundern, daß es schwierig ist, das Wort Konflikt als eine Erfahrung anzusehen, die möglicherweise das Wachstum fördern kann!

[2] Suzette Haden Elgin hat eine Anzahl Bücher geschrieben, die sich mit *The Gentle Art of Verbal Self-Defense* (die sanfte Kunst der Selbstverteidigung) befassen und von *Mehr darüber...* bis zu *Das letzte Wort dazu... Nicht bis an die Grenze zu gehen...* und *Erfolg mit...* reichen, alle sind ausgezeichnet und enthalten eine Menge Information über ihren Ansatz bei Kommunikationstechniken und Wegen, die aufzeigen, wie negative Kommunikationsspiralen unterbrochen werden.

Die Techniken, die sie empfiehlt und die Antworten, die sie beschreibt, sind durchführbar und relativ leicht zu erlernen. Sie können jeden Tag anhand ihrer Vorschläge üben und werden weitreichende Veränderungen sehen – von denen

viele Ihre eigene Gesundheit und Ihr Wohlbefinden verbessern werden.
3 Suzette Haden Elgin, Staying well with the Gentle Art of Self-Defense (Englewood, N : Prentice Hall, 1990).
4 In *Staying Well...*, p. 7.
5 In *Staying Well...*, p. 23.
6 Merken Sie sich, daß Sie bei einer kritischen Betrachtung auch sagen müssen, was Ihrer Ansicht nach nun geschehen sollte. Das betrifft ebenfalls das „Weil"...auch ein Teil der kritischen Betrachtung, die sich auf die Ziele der Gruppe und die Prinzipien der Einheit konzentriert, statt nur aus eigenem Anlaß das Problem anzusprechen.
7 Siehe die Seiten 29–37 in *Staying Well...*
8 In Dale Spenders *Man-Made Language* (Second Edition, Pandora Press, 1985) bringt sie ein Gedicht am Anfang, das mit einer Zeile beginnt: „Was Männer bei den Gesprächen von Frauen als Tratsch und Klatsch bezeichnen, ist in Wirklichkeit eine revolutionäre Aktivität..." Sie fährt fort... „Wir werden der Sprache unsere eigenen authentischen Bedeutungen zuweisen müssen und viele der Bedeutungen, die gegenwärtig als korrekt gelten, ablehnen"... (p. 5).
9 Mary Daly mit Jane Caputi *Webster's First Intergalactic Wickedary of the English Laguage* (Boston: Beacon Press, 1987). Dieses Buch enthält eine lebhafte Diskussion über „Klatsch", sowohl als Substantiv als auch als Verb in WordWeb Two. Jane Caputi, in *Gossip, Gorgon & Crones: The Fates of the Earth* (Santa Fe: Bear & Company Publishing, 1993) berichtet darüber, was den Frauen in der Geschichte das Wort Klatsch bedeutete, und zeigt weshalb wir jetzt Klatsch nötig haben, um die giftigen Auswirkungen des Atomzeitalters zu überwinden.

[10] Peggy L.Chinn, „Gossip: A Transformative Art for Nursing Education", in the *Journal of Nursing Education* 29:7 (September 1990), pp. 318–321.
[11] Ein Buch, das mir ganz besonders geholfen hat, ist *The Dance of Anger* von Harriet Goldhor Lerner. Es ist ein Buch, das besonders für Frauen geschrieben wurde, die gelernt haben, sich vor Ärger zu fürchten. Die Vorschläge, wie man mit Ärger umgeht, sind sicher, konstruktiv und, was besonders wichtig ist, sie sind erlernbar. Sie gibt nützliche und praktische Anleitungen für Veränderungen bei den Interaktionen, sodaß jeder Beteiligte profitiert.
[12] Diese Beispiele stammen aus meinen Erfahrungen mit einer äußerst uneinigen Arbeitsgruppe. Mit Charlenes Hilfe und ihrem wundervollen Sinn für Humor, begann ich mich in die Lage der andern zu versetzen, um unter völlig neutralen Bedingungen zu versuchen, das, was vorging zu verstehen, damit ich ihre Perspektiven von einer positiven Warte aus sehen konnte. Wir stellten uns dann vor, wie es in einer Gruppe wäre, die die Vielfalt schätzte. Ich teilte dies der Gruppe zu Beginn einer Schweigeperiode mit. Wir erlebten an dem Tag eine positivere Interaktion.

Kapitel 11

[1] Kathleen Weiler, *Women Teaching for Change: Gender, Class & Power*. (Massachusetts: Bergin & Garvey Publishers inc., 1988), p. 152.
[2] Professor Judy Lumby in Sydney, Australia erzählt von ihren Erfahrungen, als sie mit Pflegeschülern auf dem College *Peace und Power* anwendete:
„Wir verwendeten hauptsächlich das Check-In und das Beenden, aber alle waren sich bewußt, weshalb diese beiden wichtig waren. Die Studenten schätzten den Kurs außeror-

dentlich, Sie sprachen davon, daß sie das Gefühl hatten, daß der Rahmen und der Prozeß fremd seien, aber bald (nach ungefähr drei Wochen) hatten sie sich daran gewöhnt und waren in der Lage, daß sie gemeinsam an allem auf eine Weise Anteil nahmen, wie es ihnen früher nicht möglich gewesen war. Sie teilten sich wunderbare Geschichten von ihren Sorgen aus der Vergangenheit und der Gegenwart mit, und wir besprachen unsere Geschichten und übten Kritik, um das „Warum" hinter unseren Handlungen zu verstehen und uns vorzustellen, wie es anders hätte gewesen sein können. Wir stellten einige Ähnlichkeiten in unseren Befürchtungen, Sorgen und Vorstellungen in Hinblick auf die Pflege fest. Studenten, denen ich jetzt auf der Station begegne, sprechen über das Seminar und sagen, daß der Prozeß für sie phantastisch war."

Über die Autorin

Peggy, L. Chinn, PhD, RN, FAAN, ist Pflegeprofessorin an der Pflegeschule der Fakultät für Gesundheitswissenschaft der Universität Colorado. Sie ist die Herausgeberin *von Advances in Nursing Science*, deren Begründerin sie ist. Sie hat sich auf dem Gebiet der Gesundheit von Frauen und Kindern spezialisiert. Sie hat Bücher und Zeitschriftenartikel veröffentlicht über die Gesundheit des Kindes, die Entwicklung der Pflegetheorie, die Ausbildung in den Pflegeberufen und über den Feminismus. Sie lebt mit drei Hunden – Sophia, Cozie und Sara – zusammen, und hegt und pflegt Dinge, die ganzjährig wachsen. Sie ist in Vermittlung und Konfliktlösung ausgebildet und steht für Konsultationen im Zusammenhang mit den Prozessen von *Peace und Power* zur Verfügung.